KB054066

반드시 오르는 부동산!
교통에서 답을 찾다

인구가 줄어도 꾸준히 오르는 곳은 정해져 있다

반드시 오르는 부동산!
교통에서
답을 찾다

정진관(정고수) 지음

UAM

GTX

매일경제신문사

1980년도에 화곡동 빌라가 아닌, 강남을 선택했더라면…

  서울시 강서구 화곡동은 필자가 어릴 적 살았던 곳으로 부모님
은 현재까지 여전히 같은 화곡동 빌라에서 거주 중이시다. 1983
년도에 건축이 완료된 빌라는 당시 방 3개, 화장실 1개, 지하실까
지 확보된 일대 최고급 빌라로서 분양가는 4,000만 원 중반대였
다. 1976년도 압구정 현대아파트 30평 분양가가 865만 원, 40평
1,200만 원, 48평 1,416만 원, 60평 1,770만 원이었고, 1980년도
초반까지 4,000~6,000만 원 선이었던 것을 생각해보면 큰 아쉬
움이 남지 않을 수 없다.

  '어느 지역은 왜 크게 오르고, 또 어느 지역은 변화 없이 현 상
태가 유지될까?'를 고민해본 결과 많은 일자리와 좋은 교통, 그리
고 중앙정부의 개발 의지가 더해질 때 큰 폭으로 상승된다는 사
실을 발견하게 됐다.

1960년대 압구정 풍경
출처 : 강남구청 홈페이지

1976년 압구정 현대아파트 분양가

영동 지구 나룻배 터　　　　　　　　신사동~한남동을 이동하는 나룻배
출처 : 강남구청 홈페이지

　사람이 많은 곳에는 여러 가지 이유가 있으나, 그중 많은 사람을 불러 모으는 가장 강력한 힘은 일자리에서 나온다. 일자리는 대표적으로 2가지 개발 방식이 있다. 하나는 삼성, 현대, SK 등 기업이 의지를 가지고 만들어내는 산업단지이며, 또 하나는 테크노밸리, 지식산업단지, 공업단지 등 국가에서 계획을 가지고 개발하는 일자리가 있다. 많은 지자체에서는 기업 유치를 위해 힘쓴다. 그리고 기업은 터전을 옮기는 데 있어 가장 좋은 조건과 인프라를 지자체에 요구하고, 지자체는 그것을 적극 수용한다. 그래야 인구가 늘어나고 세수도 크게 증가되어 지자체가 계획한 일을 마음껏 할 수 있게 된다. 이 모든 결정을 하는 고위직 공무원은 선출직으로서, 공약사항이라는 이름으로 국민들에게 당선 전 공표를 하게 되어 있다. 결국 지자체와 기업은 하나의 팀이 되어 움직인다. 그렇다면 기업과 지자체가 하나로 움직이면 부동산에 어떤 일이 벌어지며 부동산 가격에는 어떤 영향이 있을까?

시골길 전(田), 답(畓)에 도로 하나만 생겨도 일대 가격은 크게 출렁이고, 반경 1km에 고속도로 IC만 만들어져도 주변이 술렁인다. 그러나 부동산 가격의 상승 요인 중 단연 확실한 한 가지는 철도 개발일 것이다. 철도 개발은 오늘 계획해서 내일 진행되는 사업이 아니다. 최소 5~10년, 길게는 15년 이상의 시간과 예비 타당성 조사와 같이 까다로운 조건을 통과하는 등 많은 과정이 필요하다. 철도 개발의 가장 확실한 시그널은 단연 조 단위 예산의 확보에 있다. 돈이 없으면 아무리 좋은 조건이라고 해도 철도 개발에 삽 한 번도 못 뜨게 된다. 그러나 가장 큰 장점은 한번 시작한 철도사업은 시간이 지연될 수 있으나 취소되거나 사라지기가 어렵다는 것이다.

정리하면, 앞으로 사람이 몰릴 곳은 공통적으로 도로, 철도 등 인프라가 좋아지고, 기업이 이동해 일자리가 생기며, 일자리에서 근무하는 많은 사람들을 위한 택지 개발이 진행된다. 이미 도시화된 곳에 철도가 들어서면 일대 부동산 가격이 오르고, 아무도 살지 않는 곳에 철도가 들어서면 일대 그린벨트가 풀리며, 전(田), 답(畓), 임야(林野)가 개발되는 모습을 우리는 많이 지켜봤다. 그곳을 남들보다 먼저 알고 선점하면 된다.

군부대도 밀어내는 철도의 힘

필자는 대한민국 육군 학사 장교 49기 병참 장교로 근무했고, 현 예비군 소령이다. 병참병과는 평시와 전시 군사 작전에 필요한 군수 물자 확보 및 보급을 지원·담당하며 유류, 식량, 의복, 건설 자재 등 군 생활에 필요한 대부분을 보급한다.

이것이 부동산과 무슨 연관이 있을까? 육군 병참병과 중 일부 부대는 많은 양의 물자를 철도를 통해 받아서 저장하고 차량으로 보급한다. 필자가 2007년 처음 소위로 발령받은 곳은 2군지사 16 보급대대로 덕정역 기차 차고지였다. 이곳이 훗날 GTX-C노선 철도 차량 기지가 만들어지는 곳이 된다. 당시에는 양주시 덕정동이라는 비교적 한적한 도시 허허벌판에 이마트, 롯데마트가 덩그러니 있는 것을 보고 '여기에 왜 이런 시설이 있지?'라는 의문점이 들었으나 현재 일대가 개발되는 모습을 보면 그 이유를 알 수 있다. 이와 더불어 일산 킨텍스 인근 부동산을 보더라도, 오래전 킨텍스 일대 허허벌판에 이마트 트레이더스가 들어서는 것을 본 후 GTX-A노선 개발이 확정됐다. 2012년도에 착공된 킨텍스, 이마트 및 트레이더스(현 트레이더스 홀세일 클럽)는 당시 GTX가 결정되지 않았을 뿐 아니라 기존 3호선 라인과도 비교적 멀리 떨어져 있던 곳으로 저평가되어 분양률이 상당히 저조했다. 반면, 2024년 GTX-A노선 킨텍스역 개통을 앞둔 지금은 고양시에서 최고가 주택 가격을 자랑하는 신도시로 거듭나게 됐다. 이처럼 철도 하나가 만들어지고, 개발되는 데까지 시간은 비록 걸리지만 대단한 호재가 아닐 수 없다. 뿐만 아니라 일대 일산 테크노밸리 등 대규모 일자리 시설까지 개발 중으로 대곡역세권 개발을 제외하고는 고양시 내에서 이보다 높은 가격을 자랑하는 부동산은 아마 한동안 나오기 어려울 것 같다.

인구는 줄어들고, 집은 더 만든다?
그럼 끝까지 살아남을 부동산은 어디?

대한민국의 정해진 미래라는 말을 한 번쯤 들어봤을 것이다. 인구는 줄어들고, 3기 신도시 개발 등 대규모 택지 개발로 주택 수는 크게 늘어날 것이다.

앞으로 많은 변수는 있겠지만 가장 확실한 수요 vs 공급 공식에 의해 부동산 가격은 크게 출렁일 수밖에 없다. 특히 인구가 크게 감소하는 인구 소멸 도시가 생기고, 경기권 최대 인구수인 119만 7,257명을 자랑하는 수원시 이상의 메가톤급 특례시도 나오게 될 것이다. 그렇다면 내가 가진 한정된 자산을 어떤 기준으로 투자하는 것이 좋을지 생각해봐야 하는데, 필자는 앞으로 서울과 경기권에 기존에 없던 환승센터 및 복합환승센터가 비교적 안전한 곳이라고 판단한다. 물론 투자 시점과 타이밍 등 많은 부분을 고려해야 하겠지만, 대한민국 인구가 오늘날의 절반으로 줄어들어 모두 슬럼화된다고 해도 이곳들은 끝까지 살아남을 것이고, 인구 정책의 큰 변화로 사람이 늘어난다면, 이곳들은 일대 최고의 부동산 가격을 자랑하게 될 것이다.

또한, 중앙정부에서 강하게 추진 중인 3기 신도시 택지 개발이 한창인데, 신도시 지역별로 어느 곳이 가장 높은 부동산 가치를 보이게 될지 예측 가능한 자료를 공개했다.

마지막으로 세상에 없던 교통편 GTX가 만들어지며 부동산 가격이 크게 출렁이는 것을 봤다. 우리는 앞으로 더 빠르고 멋진 UAM(urban air mobility)이라는 새로운 교통편을 타고 이동하게 될 것이며, 이러한 UAM 또한 정거장이 만들어진다면 분명 부동산 가격 변동에 긍정적인 역할을 하게 될 것이다. 어느 곳에 정거장이 만들어질지, 향후 계획은 어떤지 살펴보도록 하자.

"이 책을 접하신 모든 분들에게
행운과 축복이 가득하길 기원합니다. 감사합니다."

정진관(정고수)

차 례

Part 02 1기/2기 신도시를 통해 3기 신도시 대박 입지를 내다보다!

PART

01

국토교통부가 알려준

절대 망하지 않는

부동산 위치 30곳

환승센터 및 복합환승센터를 기억하라

　대한민국 서울과 경기도는 대한민국의 심장이라고 불리기에 손색이 없다. 오늘날 운행 중인 지하철, 버스, 택시를 비롯한 미래의 교통망인 UAM, PM, GTX 등 모든 교통편의 큰 그림을 그리는 곳을 바로 '국토교통부 대도시권 광역교통위원회(이하 대광위)'라고 부르며, 환승센터 및 복합환승센터를 힘 있게 추진하고 있다. 2019년 3월 19일에 설립됐으며, 출범 직후에는 큰 영향력이 없었으나 최근 들어 급격하게 위력이 강해지는 분위기다. 예를 들어, 수도권 지방자치단체장과 의원들이 대광위에 몰려가서 대중교통 안건을 협의하거나 설득하는 등의 분위기가 자주 보인다. 이유인즉, 지방자치단체장은 많은 공약사항 중 지역 주민과 지역 발전에 도움이 되는 교통편과 일자리를 가져옴으로써 표를 받을 수 있기 때문이다. 그리고 이 중 좋은 교통편을 해결해줄 수 있는 가장 강력한 힘을 가진 기관이 바로 대광위(대도시권 광역교통위원회)이기 때문이다.

자료 1-1. 대광위 조직도

출처 : 대광위 홈페이지

이처럼 막강한 힘을 가지고 대한민국 교통편의 큰 그림을 그리
는 대광위에서 '제3차 환승센터 및 복합환승센터 구축 기본계획'
을 발표했다.

이번 기본계획에서 눈여겨봐야 할 점은 정확한 곳의 지번과 위
치를 알려줬고, 그곳에 오늘날 어떤 교통편이 들어가 있으며, 앞
으로 어떤 교통편을 넣을 것인지도 전부 표기해두었다는 점이다.

환승센터 및 복합환승센터란 무엇일까?

좋은 교통편은 많은 사람이 이용하며, 사람이 몰리는 곳은 반드
시 부동산 가격이 오르기 마련이고, 사람의 발길이 뜸한 곳임에
도 좋은 교통편에 대한 계획과 예산이 배정된다면 그곳은 장차 많
은 사람이 이용할 만한 멋진 도시로 발전될 가능성이 크다는 것
을 예고한다.

이러한 기준과 개념을 머릿속에 넣고, 앞으로 설명될 환승센터 및 복합환승센터에 대한 전반적인 이해와 지역별 청사진을 그려보기 바란다.

우선 환승센터와 복합환승센터의 차이점을 알아보자.

환승센터는 환승편의시설+환승정류장+환승주차장 등으로 구성되어 있으며, 복합환승센터는 이와 더불어 환승지원시설(상업, 업무, 공공시설) 등이 함께 어우러져 만들어진 복합시설이다.

따라서 환승센터보다는 복합환승센터가 더 큰 광의의 개념으로서 그 파급력 또한 훨씬 더 크다.

자료 1-2. 환승센터 vs 복합환승센터

출처 : 제3차 환승센터 및 복합환승센터 구축 기본계획

그렇다면 왜 이러한 시설을 천문학적인 예산을 들여서 만들까? 국가는 같은 예산을 사용하더라도 가장 효율적으로 쓰이기를 바란다. 오늘날 도로, 철도에 대한 막대한 SOC 투자에도 불구하고 연계 교통수단 간 환승체계 미비로 교통 혼잡이 심화되고 대중교통 수송 분담률이 저조한 것으로 발표됐다. 더 나아가 앞으로 세

상에 없던 공유모빌리티, 전기·수소차, 자율주행차, UAM 등 미래 교통에 대한 동향을 검토해 환승센터 및 복합환승센터의 역할을 더욱 강하게 만든다는 큰 계획을 품고 있다.

따라서 세상에 없던 공간을 만들고, 그곳을 중심으로 반경 약 3km 이내의 다양한 교통편을 집약시켜 문화, 상업, 주거 등의 문제를 해결하며, 교통의 허브 역할로서 그 기능을 할 것으로 기대하는 것이다.

서두에 이야기한 것과 같이, 한 지역에 사람이 많아지면 정부는 반드시 좋은 교통편을 넣어주게 되어 있고, 좋은 교통편이 들어가는 곳 근처는 대부분 부동산 가격이 오른다. 따라서 시간이 지나 앞으로 설명될 환승센터 및 복합환승센터 반경 약 3km를 기준으로 사람들은 최대한 가까이 거주하기를 원하며, 그 결과 수요 vs 공급의 원리로 일대에서 가장 높은 부동산 가격을 자랑하게 될 것이다.

환승센터 및 복합환승센터를 반드시 주목해야 하는 이유는?

대한민국의 부동산은 현시점에서 부동산 침체기다.

수요는 줄어들고, 3기 신도시 등 공급은 폭발적으로 늘어나며, 인구는 줄어들고, 집을 사서 결혼하고 아이를 출산하고자 하는 젊은이보다 현재 삶의 안정과 개인의 건강을 추구하는 노인들의 수가 큰 폭으로 빠르게 증가하고 있다. 이는 대한민국의 경제와 미래를 조금이라도 걱정하고 관심 있는 국민이라면 대부분 아는 사실이다.

심지어 유아용 유모차보다 반려동물용 유모차가 많이 팔리고 있으며, 2024년 합계 출산율은 0.6명대로 향후 50년 뒤 대한민국 인구는 1,500명가량이 줄어들어 3,600만 명이 될 것이라는 것이 인구 전문가들의 전망이다.

자료 1-3. 대한민국 인구수(위), 합계 출산율(아래)

시도별	2022							
	1) 합계출산율	2) 모의 연령별출산율:15-19세	20-24세	25-29세	30-34세	35-39세	40-44세	45-49세
전국	0.778	0.4	4.1	24.0	73.5	44.1	8.0	0.2
서울특별시	0.593	0.2	1.4	9.9	53.5	43.4	8.7	0.2
부산광역시	0.723	0.3	3.0	19.2	70.5	42.3	7.6	0.1
대구광역시	0.757	0.2	3.3	23.6	75.4	39.7	6.9	0.1
인천광역시	0.747	0.4	4.5	24.3	67.9	43.1	8.0	0.2
광주광역시	0.844	0.4	4.1	28.8	80.6	45.1	7.4	0.2
대전광역시	0.842	0.3	5.0	26.8	78.5	47.4	8.3	0.2
울산광역시	0.848	0.6	4.4	31.6	87.5	37.5	6.5	0.1
세종특별자치시	1.121	0.4	6.1	40.5	112.6	55.7	9.3	0.1
경기도	0.839	0.3	4.0	25.7	80.0	47.8	8.7	0.2
강원도	0.968	0.6	8.2	43.1	86.8	44.8	8.4	0.2
충청북도	0.871	0.5	7.5	37.9	81.6	38.9	6.2	0.2
충청남도	0.909	0.5	7.6	41.9	83.7	40.1	6.9	0.2
전라북도	0.817	0.6	5.8	30.6	77.4	40.2	6.8	0.2
전라남도	0.969	0.5	8.1	40.5	88.2	45.8	8.2	0.2
경상북도	0.930	0.5	6.3	38.2	89.0	42.5	7.7	0.2
경상남도	0.838	0.4	5.3	33.2	82.3	38.0	6.5	0.1
제주특별자치도	0.919	0.6	5.6	34.2	82.5	49.0	10.0	0.2

인구구조,부양비별	2022	2023	2024	2025	2026	2027	2028
총인구(명)	51,672,569	51,712,619	51,751,065	51,684,564	51,609,121	51,534,551	51,459,877
남자(명)	25,818,686	25,859,888	25,876,776	25,837,903	25,795,052	25,753,184	25,711,849
여자(명)	25,853,883	25,852,731	25,874,289	25,846,661	25,814,069	25,781,367	25,748,028
성비(여자1백명당)	99.9	100.0	100.0	100.0	99.9	99.9	99.9
인구성장률	-0.19	0.08	0.07	-0.13	-0.15	-0.14	-0.15
인구(명): 0-14세	5,947,964	5,705,235	5,485,245	5,258,466	4,996,251	4,753,757	4,530,789
인구(명): 15-64세	36,743,472	36,571,568	36,327,585	35,912,191	35,487,854	35,183,727	34,803,739
인구(명): 65세 이상	8,981,133	9,435,816	9,938,235	10,513,907	11,125,016	11,597,067	12,125,349
- 구성비(%): 0-14세	11.5	11.0	10.6	10.2	9.7	9.2	8.8
- 구성비(%): 15-64세	71.1	70.7	70.2	69.5	68.8	68.3	67.6
- 구성비(%): 65세 이상	17.4	18.2	19.2	20.3	21.6	22.5	23.6
총부양비	40.6	41.4	42.5	43.9	45.4	46.5	47.9
유소년부양비	16.2	15.6	15.1	14.6	14.1	13.5	13.0
노년부양비	24.4	25.8	27.4	29.3	31.3	33.0	34.8
노령화지수	151.0	165.4	181.2	199.9	222.7	244.0	267.6
중위연령(세)	44.9	45.5	46.1	46.7	47.3	47.9	48.5
중위연령(세)-남자	43.6	44.0	44.6	45.3	45.9	46.5	47.2
중위연령(세)-여자	46.4	47.0	47.6	48.2	48.8	49.4	50.0
평균연령(세)	43.9	44.4	44.9	45.5	46.1	46.6	47.1
평균연령(세)-남자	42.7	43.2	43.7	44.3	44.9	45.4	45.9
평균연령(세)-여자	45.0	45.6	46.1	46.7	47.3	47.8	48.3

출처 : 통계청 홈페이지

　　그러나 아이러니하게도 오늘날 대한민국 주택보급률은 102.2%로, 이미 100%를 넘은 지 오래며, 앞으로 공급될 주택의 수가 5년간 2,700,000호 이상인 것을 감안해 생각하면, 뭔가 잘못되어도 한참 잘못됐다는 것을 느낄 수 있다. 혹자는 이렇게 이야기할 수도 있다. 서울+경기권은 여전히 집이 부족하고 지속적으로 일자리가 증가한 결과로 집값이 계속 오르는 것이며, 그것을 막기 위해 앞으로 더욱더 많은 주택 공급은 필수 불가결한 것이라고 말이다.

앞의 내용은 현재 실제로 벌어지고 있는 대한민국의 실상이며, 앞으로 지속적인 문제로 다루어질 내용임에 틀림없다. 그렇다면 환승센터 및 복합환승센터와 앞의 내용들과는 무슨 연관이 있을까? 대부분의 사람들은 부동산에 관심이 많다. 인프라가 좋고, 학군이 좋은 곳, 안전한 곳, 좋은 의료시설이 많고, 편리한 교통편이 많은 곳을 선호한다. 더불어 부동산에 관심이 많은 이유는 단연 최고의 재테크 수단이라는 것도 부정할 수 없을 것이다.

오늘날 대한민국 부동산 시장은 인구 감소, 금리 인상 등으로 시장이 불안하고, 예측이 어렵기에 감소 추세로 흘러가지만 때가 되면 반드시 올라가게 되어 있다.

인구가 아무리 줄어든다고 해도 대한민국에서 끝까지 살아남을 곳은 단연 환승센터 및 복합환승센터가 들어서는 곳 일원이라 단언하며, 대한민국 부동산 가격이 전부 하락하더라도 타 지역에 비해 튼튼히 버텨주는 곳, 다시금 상승 기류를 탄다면 가장 먼저, 가장 높이 올라가게 될 곳이 앞으로 설명될 30개소(서울 : 10/경기도 : 20)라고 할 수 있다.

돈 되는 부동산,
이곳을 주목하라!
| 서울 편 |

서울특별시는 대한민국의 수도이자 최대 도시다. 평양시, 경주시, 개성시와 함께 오랜 역사를 가진 한반도의 수도이며, 법률상 대한민국 제1의 도시로 규정되어 있다.

서울은 뉴욕이나 파리처럼 평지에 멋진 도시를 계획해서 만들어지지 못했다. 전(田), 답(畓) 농지와 산(山)과 강(江) 등 자연을 기반으로 만들어진 수백 년의 역사를 가진 특별한 도시로 불린다.

자료 1-4. 서울특별시 휘장

출처 : 서울시청 홈페이지

이런 역사와 도시를 한눈에 쉽게 설명한 로고가 바로 서울특별시 휘장이다. '서울'을 서울의 산, 해, 한강으로 나타내면서 전체적으로는 신명나는 사람의 모습을 형상화했으며, '인간 중심 도시'를 지향하는 서울을 상징한다. 자연, 인간, 도시의 맥락 속에서 녹색 산은 환경 사랑, 청색 한강은 역사와 활력, 가운데 적색 해는 미래의 비전과 희망을 함축하고, 이 세 요소를 붓 터치로 자연스럽게 연결해서 서울의 이미지와 사람의 활력을 친근하게 느낄수 있도록 했다.

뿐만 아니라 매력도시 서울을 만들기 위해 서울시를 비롯해 많은 기관들이 힘써 노력 중이다. 이처럼 세계인들이 인정하는 멋진 매력을 품고 있는 서울 중에서도 대광위는 앞으로 다음 10개 지역과 지번에 환승센터 및 복합환승센터를 구축해서 서울 중 가장 멋진 교통편과 도시를 만들겠다고 발표했다. 앞으로 설명할 서울특별시 내 10개 지역은 반드시 기억하는 것이 좋고, 가능한 가까운 지역에 부동산을 보유하거나 그렇지 못하면 지하철로 환승 없이 이곳으로 빨리 들어갈 수 있는 곳 일원을 선점하는 것이 좋겠다.

1. 강남권 복합환승센터(GTX-A, C 교차)

위치	서울특별시 강남구 봉은사로 지하 601 일원(삼성역~봉은사역)
연계 교통	GTX-A, 2호선, 9호선, 버스 44개 노선(삼성역 기준)/장래 GTX- C, 위례신사선
사업 내용	삼성역 2호선에서 봉은사역 9호선으로 이어지는 영동대로 지하에 통합대합실, 버스정류장 등 환승시설 및 환승지원시설 배치
사업 기간	2016년~2027년
총 사업비	1조 7,459억 원

자료 1-5. 서울특별시 강남구 삼성동 111-8

출처 : 카카오맵 위성지도

　영동대로 복합환승센터는 이번 대광위 환승센터 및 복합환승센터 계획 중 가장 큰 규모와 예산을 자랑한다.

　토지는 부증성이라는 공식이 있다. 부증성이란 부동산의 자연적 특성 중 하나로서, 생산비나 노동을 투입해 토지의 물리적 양을 임의로 증가시킬 수 없는 특성을 말한다. 부증성은 부동산 문제의 가장 근본적인 원인으로 불리며, 부증성에 기인한 특정 토지의 희소성은 공간 수요의 입지 경쟁을 유발한다.

대한민국에서 가장 입지 경쟁이 치열하고, 많은 사람들이 선호하며, 비싼 값이 매겨지는 토지는 단연 강남 지역 땅이다. 그중에서도 앞으로 우리나라 최고의 땅값은 반드시 이곳 삼성동에서 나오게 되어 있다.

이번 영동대로 복합환승센터는 지하 7층 연면적 약 $220,000m^2$ (66,550평), 연장 950m(복합환승센터 구간(630m), 철도 분기 구간(320m)), 폭 70m, 깊이 51m로 구성된다. 주요 시설은 철도 통합 역사, 버스 환승센터, 공항 터미널, 주차장, 시민 편의 공간 등으로 세상에 없던 시설이 오늘날 만들어지고 있다.

이뿐일까? 대한민국을 넘어 세계 자동차 판매 순위 5위를 자랑하는 글로벌 기업인 현대자동차 그룹이 이번 복합환승센터에서 최고 노른자 자리를 차지하는 만큼 그 기대는 더욱 크다. 사실 2014년 강남에 위치한 한전 부지를 매각할 때만 해도 현대자동차 그룹이 공시지가 2조 원의 5배, 감정가 3.3조의 3배 가격인 10조 5,500억 원을 이야기할 때 다들 입을 모아 '현대가 땅 투기한다', '미쳤다' 등 많은 의견이 있었다.

이를 반영한 듯 23만 원에서 횡보하던 주가는 한전 부지 매입 발표 이후 곤두박질치기 시작해서 2015년 12만 3,000원까지 하락하기도 했다. 그러나 오늘날 평가하기로는 "역시 현대는 현명했고 판단은 위대했다"라고 평가한다. 현대자동차 그룹은 영동대로 복합 개발의 한 중심에 있으며 대한민국을 이끌어가는 기업이니만큼 최고의 입지 위에 세상에 없던 교통편인 UAM 이착륙장 건설, 현대자동차 그룹 통합 사옥, 전시, 컨벤션, 공연, 호텔 등 복

합 문화 공간 구축, 생산 유발 효과 266조 원, 고용 유발 효과 122
만 명, 세수 증가 1조 5,000억 원 등 나라에 큰 기여를 할 것으로
예상된다.

사실 삼성동 대장주 아파트라고 불리는 아이파크가 2004년 평
당 1,800만 원에 분양됐고, 심지어 미분양이었으나, 최근 55평형
실거래가가 60억 원이라고 한다. 과연 여기서 멈출까? 그렇지 않
을 것이라는 것이 부동산 전문가들의 공통된 의견이다.

자료 1-6. 영동대로 복합환승센터 조감도(좌), 탄천·한강 수변 생태·여가 문화 공간
조성 국제 지명 설계 공모 당선작 메인 조감도 「The Weave」(우)

출처 : 서울시청 홈페이지

서울특별시는 조금 더 큰 그림을 그리고 있다. 삼성동을 넘어 송
파에 위치한 잠실 종합운동장 부지까지 강남권 복합환승센터 권
역이라고 부르며 대단한 개발을 이어간다. 종합운동장은 앞으로
본 시설(전시, 컨벤션, 야구장, 스포츠 콤플렉스, 수영장, 수변 레저시

설)과 부속시설(호텔, 문화/상업시설, 업무시설) 등으로 구분되어서 더욱 많은 사람이 찾고, 이용할 시설로 변모할 예정이다. 강남이라는 최고의 입지에, 현대자동차라는 국내 최고의 기업이 만들어 낼 멋진 건축물, 대한민국 정부가 1조 7,459억 원이라는 예산을 투입해서 구축할 SOC사업을 통해 세계 모든 사람이 가보고 싶은 매력적인 도시로 거듭나게 될 것이 분명하다. 그러니 그곳의 땅값 상승, 부동산 가격 상승은 시간문제다. 하루라도 빨리 그곳을 선점하는 이가 승자며, 혹시 그러지 못했다면 그곳에 빨리 닿을 수 있는 철도 교통망이 있는 지역을 선점하길 권면한다.

2. 서울역 환승센터(GTX-A, B 교차)

위치	서울특별시 중구 봉래동 2가 122번지
연계 교통	GTX-A, 1호선, 4호선, 경의중앙선, 공항철도, KTX, 버스 113개 노선(광역)/장래 GTX-C, 신분당선 연장(제4차 국가철도망계획 '21~'30)
사업 내용	서울역 주변 공간구조 개편과 함께 도시철도 1호선, 4호선, 광역철도 GTX-A, B 공항철도, KTX, 버스 등을 연계한 환승센터 구축(지하 4층 규모)
사업 기간	2024년~2028년
총 사업비	1,294억 원

자료 1-7. 서울특별시 중구 봉래동 2가 122

출처 : 카카오맵 위성지도

서울역의 역사는 참 길다. 1899년 9월 18일 개통한 경인선은 서울과 인천을 연결하는 노선이었으며, 당시 용산역의 규모가 더 커서 용산 보조역으로 불리기도 했다. 그러나 경성부의 인구가 증가함에 따라 경성의 관문이 될 중심 역을 만들 필요성이 대두됐으며, 경부선·경원선·용산선이 만나는 용산역은 군사적 목적으로 건설되어 민간인이 활용하기에는 어려움이 있었다.

자료 1-8. 1973년 12월 1호선 서울역 건설 현장(좌),
1975년 8월 서울역 고가 도로 연장 공사(우)

출처 : 서울역사박물관

그 결과 1923년 1월 1일 경성역으로 역명을 바꾸고 본격적인 경성부의 관문 역할을 수행하기 시작했으며, 1945년 광복 이후 1947년 현재의 역명인 서울역으로 개명하게 됐다. 이처럼 오랜 역사를 가지고 있는 서울역은 지방에서 큰 꿈을 품고 상경하는 많은 사람들의 관문이 됐고, 서울시청을 비롯해 명동, 동대문, 종로, 을지로, 충무로 등 대단히 큰 상권을 형성하게 됐다.

다음 사진에서 빨간색은 상업지, 노란색은 주거지, 초록색은 녹지로 구성된 토지이용계획이다. 오늘날 여의도와 강남 테헤란로

의 상업시설 면적을 합쳐야 이곳 서울역 인근 상업시설과 견줄 수
있을 만큼 대단한 규모로서, 당시 서울의 대표적인 일자리, 상업,
문화 등을 이끌어가기에 충분했다.

자료 1-9. 서울특별시 중구 봉래동 2가 122번지 일원 토지이용 현황

출처 : 카카오맵 위성지도

　서울역 하면 사실 가장 먼저 떠오르는 것은 노후화, 노숙자 등
과 같이 낡은 시설과 타 지역에 비해 다소 지저분한 이미지일 것
이다. 하지만 앞으로는 큰 변화를 기대해도 좋다. 기존 1, 4호선,
경의중앙선, 공항철도, KTX, 버스 113개 노선(광역)뿐 아니라 장
래 GTX-A, C, 신분당선 연장 등이 계획되어 있다. 서울역 주변 공
간구조 개편과 함께 도시철도 1, 4호선, 광역철도 GTX-A, B, 공
항철도, KTX, 버스 등을 연계한 환승센터를 지하 4층으로 구상
중이다.

　뿐만 아니라 세상에 없던 교통편인 UAM(Urban Air Mobility)
공항 택시 이착륙장이 서울역 인근 힐튼호텔 부지에 들어서는 것

이 확정됨에 따라 명실상부 지하, 지중, 지상 공간을 전부 완벽히 활용하는 최고의 도시로 거듭나게 될 것이다.

UAM이라는 이름은 다소 생소하지만, 앞으로 현대자동차 그룹이 자율주행차만큼이나 중요한 미래 먹거리로 생각하고 과감히 투자하는 차세대 교통편으로서 정부에서도 각종 규제 완화 등 힘 있게 밀고 있는 분야다.

현대건설과 이지스자산운용이 버티포트(UAM 정거장)의 첫 사업 후보지로 서울 남산의 밀레니엄 힐튼호텔 부지를 선정했다는 것은 앞으로 그곳 일대의 개발 가능성과 미래 투자성을 고려할 때 충분한 가치가 있다고 판단했기 때문이다. 그 결과 이지스자산운용과 현대건설이 신설한 개발법인은 지난 2022년 2월 남산 밀레니엄 힐튼호텔을 인수하는 과감한 결정을 했다. 신설 법인은 2027년까지 호텔과 오피스 등이 들어서는 복합시설을 개발할 예정으로, 이곳에 UAM 버티포트를 만들어 인천-김포-킨텍스-여의도-서울역-송파-수서 등을 잇는 미래형 도심 프로젝트를 추진한다.

자료 1-10. 이지스자산운용, 현대건설·현대자동차와 UAM 버티포트사업 활성화 MOU(좌), GTX 서울역 조감도(우)

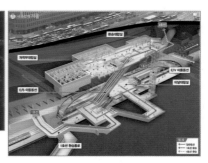

출처 : 이지스자산운용, SG레일

서울역 인근 상업시설은 대한민국의 오랜 역사와 문화를 지닌 곳이니만큼 많은 외국인 관광객들에게 볼거리, 먹거리, 즐길 거리를 제공하기 위해 서울시와 중앙정부는 이곳에 많은 예산과 좋은 교통편을 끊임없이 넣게 될 것이고, 그에 부응이라도 하듯 부동산 가격은 살아있는 생물처럼 반응하게 될 것이다.

3. 청량리역 환승센터(GTX-B, C 교차)

위치	서울특별시 동대문구 전농동 214번지 일원
연계 교통	1호선, 수인분당선, 경의중앙선, 경춘선, KTX, 버스 46개 노선/장래 GTX-B, C, 강북횡단선·면목선(제2차 서울시도시철도망 구축계획 '21~'30)
사업 내용	통합대합실, 버스환승센터, 광역버스 회차시설 등 광역환승센터 구축을 통해 환승체계 재정립 및 환승서비스 수준 개선
사업 기간	2021년~2027년
총 사업비	1,699억 원

자료 1-11. 서울특별시 동대문구 왕산로 214

출처 : 카카오맵 위성지도

    청량리역은 최초 1911년 10월 15일 용산~의정부 구간 우선 개통을 시작으로, 일제강점기였던 1938년 5월 1일에 동경성역(東京

城驛)으로 역명이 변경됐다가 1942년 6월 1일에 본래 역명인 청량리역으로 환원됐다.

　오랜 역사와 큰 철도 부지를 보유한 청량리역은 최근 GTX사업으로 인해 크게 각광받고 있다. 이유인즉, GTX는 세상에 없던 노선이며 그 파급력이 실로 대단하기 때문이다. 이렇게 대단한 노선이 2개 이상 들어가는 곳은 현재 4곳(청량리역, 서울역, 삼성역, 부천종합운동장역)뿐이며, 이 중 가장 빠르게 완성되고 많은 사람이 이용할 서울특별시 내의 노선은 A, B, C노선 트라이앵글 단 3곳(청량역, 서울역, 삼성역)뿐이기에 그 기대가 더욱 크다고 할 수 있다. 사실 일반 지하철 노선 1개 역사만 신설되더라도 주변 집값, 땅값은 크게 출렁이며, 대한민국뿐 아니라 전 세계에서 일대 부동산 폭등이라는 공통된 결과를 보여왔다. 이처럼 기존에 1호선, 수인분당선, 경의중앙선, 경춘선, KTX, 버스 46개 노선이라는 대단한 교통편을 이미 보유했을 뿐 아니라, GTX-B, C노선, 강북횡단선, 면목선 등 여러 노선이 신설되는 청량리역 주변을 서울시에서 가만히 놔둘 일은 당연히 없다. 일대 최고의 랜드마크 시설과 업무시설, 편의시설 등이 만들어지는 것은 불 보듯 뻔했다.

　그 결과 현재 서울시는 다음과 같은 내용의 용역 공고를 3억 원의 예산을 들여 추진 중이며, 향후 청량리역과 그 일대의 미래를 크게 바꿀 만한 내용임에 틀림없다.

청량리역 新랜드마크 조성을 위한 도시전략계획 수립용역

I 과업개요

1. 과 업 명 : 청량리역 新랜드마크 조성을 위한 도시전략계획 수립용역

2. 과업의 배경 및 목적

- ○ 청량리는 광역적인 대중교통망을 바탕으로 중심지로서의 잠재력을 가진
   지역이며, 서울 도시계획 상 동북권의 광역중심으로 설정되어 있음
- ○ 하지만, 타 광역중심에 비해 소매업(재래시장) 중심의 상권구성으로 고용
   기반 강화에 한계가 있고, 주택재개발 위주로 개발이 이루어져 도심기능을
   보완하는 광역중심 위상에 걸맞는 역할을 수행하지 못하고 있는 상황임
- ○ 최근 청량리 지역의 개발수요가 높고, 향후 GTX-B·C 노선 건설계획에
   따라 유동인구의 증가와 교통중심지로서의 기능 강화가 예상되며, 발전
   잠재력이 높아지고 있어 청량리역 일대에 복합개발을 통한 랜드마크 조
   성을 함으로써, 광역중심으로서의 위상회복 및 지역 경제 활성화를 유도
   하는 등 실현방안을 선제적으로 마련하고자 함

출처 : 조달청 나라장터 용역모집공고

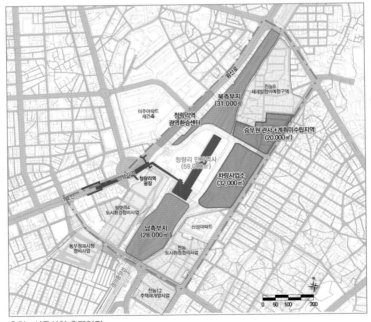

출처 : 서울시청 홈페이지

사실 앞의 과업 배경과 목적에 미래 청량리역 인근 모습에 대한 답은 이미 나왔다.

오늘날 일대 최고의 교통 중심지라는 명성에 비해 상권이 노후화됐으며, 주택 재개발 등으로 체계적인 개발도 하지 못한 터라 대단한 입지를 가졌음에도 위상에 맞지 않는 모습을 보인다. 오늘날 청량리역을 중심으로 반경 도보 10분만 돌아보면, '이곳이 대한민국의 수도 서울이 맞을까?' 하는 의구심이 들 정도로 매우 낡은 모습을 볼 수 있으며, 앞으로 만들어질 노선에 비해 상당히 저평가되어 있다는 사실을 쉽게 발견할 수 있다. 더욱이 앞으로 메가톤급 광역급행철도 GTX노선이 2개나 교차되는 곳이 계속 이러한 모습으로 유지된다는 것도 말이 안 된다.

저평가된 곳을 찾아 미리 자산을 심어 놓는 것을 '투자'라고 부른다. 이곳 청량리역의 10년 미래를 내다본다면 지금이 최적기라는 생각이 들기에 충분하다.

4. 여의도역 복합환승센터(GTX-B)

위치	서울특별시 영등포구 여의도동 일원
연계 교통	5호선, 9호선, 버스 18개 노선(광역 9)/장래 GTX-B, 신안산선, 신림선
사업 내용	철도, 버스 등 다양한 교통수단 간 체계적·입체적인 환승체계를 구축하고, 상업·공공시설을 균형 있게 배치해 이용 편의 증진
사업 기간	2021년~2027년
총 사업비	3,278억 원

자료 1-14. 서울특별시 영등포구 여의도동

출처 : 카카오맵 위성지도

    여의도(汝矣島, Yeouido)는 서울특별시 소재로 한강에 위치한 섬이다. 하중도로서 '너섬'이라고도 부른다. 여의도는 1968년 밤섬을 폭파해 얻은 골재로 여의도의 제방(윤중제)을 쌓았으며,

1968년 한강종합개발 공사계획의 일환으로 227억 원의 공사비를 투입해 여의도를 개발했다. 당시로서는 엄청난 예산의 투자가 아닐 수 없다.

오늘날 재건축 이슈로 가장 뜨거운 감자 중 하나인 여의도 아파트는 1970년대 중앙정부에서 주거용 고층 아파트를 계획하면서 1971년 여의도 시범아파트 입주를 시작으로 삼부, 장비, 한양, 삼익 등 아파트 타운을 조성하게 됐다. 이후 1975년 국회의사당, 1983년 63빌딩, 여의도 광장(전시 활주로 사용예정) 등이 만들어지며 모래만 날리던 외로운 섬에서 점차 사람들의 발길이 닿는 곳으로 변모하기 시작했다. 오늘날은 서울국제금융센터(IFC몰), 파크원타워 등 랜드마크 건축물뿐 아니라, 서울 금융의 허브라고 불리는 만큼 산업은행과 국민은행, 증권거래소, 전경련회관, SK증권, 신한투자증권, NH투자증권, 유진투자증권, 하이투자증권, 하나증권, 한국투자증권, 금융감독원, 한국화재보험협회, 한국증권금융협회, 사학연금회관, 교직원공제회관 등 다양한 금융 관련 기관이 모여 있다. 오늘날 여의도는 강남 일자리 1번지인 테헤란로와 버금가는 출퇴근 인원수를 자랑하며 오늘날의 명성을 갖게 됐다. 최근 여의도 구축아파트(목화, 삼부, 장미, 화랑, 대교, 한양, 삼익, 은하, 시범, 미성)의 70층 재건축이 확정됨에 따라 한국의 맨해튼이라고 불리는 이곳은 기존에 상상할 수 없었던 도심 스카이라인은 물론이며, 2023년 7월 여의도 서울아파트 161.25/139.31㎡의 실거래가가 47억 원, 2021년 10월 여의도 시범아파트 156.99/156.99㎡가 35억 원에 거래되는 등 최근 연이은 최고가 갱신을 하고 있다.

여기서 더 나아가 오세훈 서울시장은 2023년 3월 14일 런던증권거래소에서 여의도 투자기업에 세제, 건축규제 완화 등 인센티

브를 제시했을 뿐 아니라, 일반상업지 용적률 800%를 중심상업지 용적률 1,000%로 상향 조정 발표했고, 상업, 주거, 문화 등 다양한 기능의 공간과 축구장 7개 크기의 금융지원시설 공급 등 파격적인 제안을 통해 장차 여의도의 대변화를 예고했다.

대한민국은 세계에서 제법 잘 사는 나라로 통한다. 그 이유는 많은 기업과 정부의 노력으로 고부가가치 상품을 잘 만들어 외국 시장에 잘 팔기 때문이다. 그러나 대한민국의 최대 단점은 남북으로 갈라져 있어 외국으로 수출입을 할 때 섬나라와 마찬가지로 항만, 항공을 제외하고는 수출입할 방법이 없다는 것이다.

자료 1-15. 5대 무역국 현황

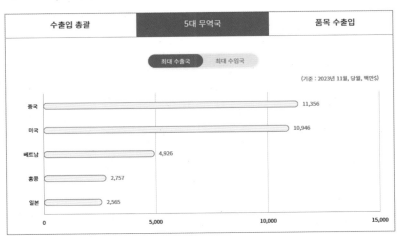

출처 : 한국 무역협회-KITA

이토록 작고 힘없던 나라가 세계 강대국들과 어깨를 나란히 할 수 있는 이유 중 부동산과 밀접한 부분은 역시 경부고속도로, 경부선 철도의 개발이라고 할 수 있다. 당시 우리나라의 수출입이 가장 많았던 나라는 미국과 일본으로, 우리나라를 기준으로 동남쪽에 위치해 있었다. 따라서 서울을 기준으로 동남쪽 부산항까지 어떻게든 빨리 좋은 물건을 만들어 부산항에 내려 배편을 통해 수출을 해야만 외화를 벌어들일 수 있었다. 그 결과 서울-대전-대구-부산이라는 경부라인이 만들어졌고, 우리나라를 이끄는 대기업, 중소기업 대부분은 인근에 붙어 사업을 운영해야만 배송비를 최소화할 수 있었다. 그러나 오늘날 세상이 많이 변했다. 우리나라를 기준으로 중국을 비롯한 서쪽 나라들이 주요 고객으로 바뀌었고, 그 결과 경부라인과 같이 평택항을 기준으로 서해라인을 개

자료 1-16. 서해선 복선전철-소사원시선-대곡소서산-신안산선 노선도

출처 : 충남도청 홈페이지

발해야만 했다.

2008년 서해선 복선전철 기본계획 착수를 시작으로 서해축 개발이 본격적으로 시작됐으며, 충남 홍성에서 서울 여의도까지 현재 130분에서 74분이면 도착하는 노선이 한창 개발 중이다. 그 결과 부산항을 통해 수출했던 많은 품목들이 오늘날 평택항만을 통해 수출 진행 중이며, 현대, 삼성, 신세계, LG 등 우리나라를 이끌어가는 대기업의 서해축 이동으로 인해 인구 증가와 세수 증가 등의 효과를 톡톡히 보고 있다. 서울은 대한민국 수도이자, 세계 최고의 도시다. 그중 강남을 시작으로 경부라인이 개발됐다면, 앞으로 여의도를 연결하는 신안산선을 시작으로 서해라인이 개발될 것이라고 할 수 있다.

5. 김포공항 복합환승센터

위치	서울특별시 강서구 하늘길 77번지 일원
연계 교통	김포국제공항, 공항철도, 5호선, 9호선, 김포도시철도, 대곡소사선, 버스 36개 노선, S-BRT('26)
사업 내용	도심항공(UAM) 이착륙장, 시외버스터미널, S-BRT정류장 등 최초로 공항과 연계한 환승센터 구축
사업 기간	2021년~2029년
총 사업비	3,144억 원

자료 1-17. 서울특별시 강서구 하늘길 77

출처 : 카카오맵 위성지도

이름은 김포공항이지만 경기도 김포시가 아닌 서울특별시 강서구에 있으며, 활주로는 강서구 공항동, 인천광역시 계양구 계양 3동, 경기도 부천시 성곡동으로 광역자치단체 3개 지역에 걸쳐 있다. 김포공항이 개항할 당시는 경기도 김포군 양서면이었고, 1963년 양서면이 서울특별시에 편입되면서 김포공항이 오늘날 서울에 위치하게 된 것이다. 최근 불거진 김포시 서울 편입 논란의 시작이 사실 김포공항의 역사라고 말할 수 있다.

김포공항 국내선은 1980년에 완공됐고, 국제선은 1988년 완공으로 1988년 서울 올림픽을 대비해 공항확장사업까지 함께 진행해서 오늘날 모습을 갖추게 됐다.

오늘날 김포공항역은 서부권 교통의 허브라고 해도 과언이 아니다. 김포국제공항, 공항철도, 5호선, 9호선, 김포골드라인, 2023년에 대곡소사선까지 개통하며 지하철 노선만 5개를 품게 됐다. 이뿐일까? 앞으로 시외버스 터미널과 도로 위 지하철이라고 불리는 S-BRT(Super Bus Rapid Transit)까지 추가될 예정이다. 또 서해선이 충남 홍성역까지 완공되어 서해선 KTX(서해선 복선전철)가 개통하면 충남 홍성에서 고양 대곡까지 서해선 구축이 완료되고, 그 중심에 김포공항역이 가장 많은 환승역을 보유한 역사로서 그 역할을 다할 것이다. 사실 김포공항이라고 하면, 서쪽 멀리 있는 역으로 생각하기 쉬우나, 김포공항역에서 서울역까지 공항철도로 22분, 신논현역까지 9호선 급행으로 33분이면 간다.

김포공항의 단점은 김포공항과 롯데몰을 제외하고는 특별한 일자리가 없었다는 것이다. 그러나 이러한 단점도 크게 개선될 예정이다. 국토교통부에서 도시재생 뉴딜사업 32곳 중 김포공항이 신규로 선정되어 2027년까지 2조 9,640억 원(국비 40억 원) 투자가 확정됐다. 김포공항 인근은 공항시설로 인한 개발 제한과 주변 지

자료 1-18. 김포공항역 이용 인원 현황

연도	⑤	⑨	🚆	🔴	서해	총합	환승객 수 ⑨🚆↔⑤🔴	비고
[2000년~2009년]								
2010년	23,094명	8,595명	8,480명			40,169명	13,112명	
2011년	14,534명	10,471명	9,910명			34,915명	18,490명	
2012년	17,236명	17,084명	12,681명			47,001명	22,039명	
2013년	16,423명	18,314명	13,537명			48,274명	23,818명	
2014년	15,918명	18,954명	13,466명			48,338명	25,041명	
2015년	14,438명	19,066명	14,703명			48,207명	26,238명	[13]
2016년	14,346명	20,204명	16,068명			50,618명	27,187명	
2017년	14,708명	21,230명	17,031명			52,969명	28,488명	
2018년	15,400명	21,704명	17,193명			54,297명	29,300명	
2019년	15,955명	21,964명	18,006명	981명		56,906명	37,662명	[14]
2020년	11,466명	15,071명	13,255명	1,266명		41,058명	51,163명	
2021년	13,161명	17,469명	16,751명	1,692명		49,073명	57,408명	
2022년	14,735명	18,466명	17,854명	1,942명		53,015명	64,306명	

출처 : 서울교통공사, 서울시메트로9호선, 서울열린데이터광장, 교통카드 빅데이터 통합정보시스템

역과의 단절, 공항 배후시설 노후화로 쇠퇴가 진행됐던 터라 이번 선정은 더욱 의미가 있다. 김포공항 일대(부지면적 354,567㎡)에 공항과 주변이 상생하는 서울 서남권의 새로운 지역 거점을 만들 예정이다. 특히, 미래형 교통 허브에 구축되는 UAM 이착륙장은 기체 충전, 정비·주기장 역할을 하면서, UAM 상용화의 기반 조성과 항공 산업 발전에도 크게 기여할 것으로 예상되며, 혁신지구사업을 통해 약 4조 원의 경제적 파급효과 및 약 2.9만 명의 일자리를 창출할 것으로 기대한다고 밝혔다.

자료 1-19. 김포공항 도시재생 혁신지구

		보 도 자 료		
국토교통부	배포일시	**2021. 12. 16.(목)** / 총 15매(본문10, 참고5)	대한민국 대전환 한국판뉴딜	
담당 부서	도시재생정책과	담 당 자	·과장 정승■, 사무관 박선■, 현혜■, 이지■ ·☎ (044) 201-■■■, ■■■, ■■■	
	도시재생역량과	담 당 자	·과장 김영■, 서기관 권하■■ ·☎ (044) ■■■	
	도시재생경제과	담 당 자	·과장 공경■, 사무관 최은■, 주현■ ·☎ (044) 201-■■■	
	도심재생과	담 당 자	·과장 이성■, 사무관 박원■■, 임채■, 홍근■, 김동■ ·☎ (044) 201-■■■, ■■■, ■■■	
	도심주택 공급총괄과	담 당 자	·과장 전인■, 사무관 배윤■ ·☎ (044) 201-■■■	
보 도 일 시		2021년 12월 17일(금) 조간부터 보도하여 주시기 바랍니다. ※ 통신·방송·인터넷은 12. 16.(목) 11:00 이후 보도 가능		

도시재생 뉴딜사업 32곳 신규 선정, 쇠퇴지역 5.2조원 투자
- 김포공항에 UAM·S-BRT 등 모빌리티 허브 구축, 혁신사업 거점으로 재탄생 -

· 1블럭(~'25) : 복합환승시설(도시철도·S-BRT·UAM 이착륙장 등), 문화·체육 등 생활SOC, 숙박 등
· 2블럭(~'27) : 항공·국제 업무시설, 항공 교육센터, 생활SOC, 상업 등
· 3블럭(~'27) : 모빌리티 혁신산업 시설, 생활SOC, 상업, 오피스텔 등

(1블럭) UAM이착륙장 조감도

(2~3블럭) 모빌리티 혁신산업클러스트 조감도

출처 : 국토교통부

김포공항 인근은 앞서 이야기한 것과 같이 여러 가지 규제로 인해 개발이 어려웠으나, 강서 끝 마지막 남은 대규모 그린벨트 택지를 마곡산업단지로 개발해서 기업 유치와 인구 유입을 통해 생동감 있는 활발한 모습을 보이고 있으며, 앞으로 3기 신도시 인천 계양, 부천 대장 신도시 개발을 통해 김포공항역을 이용할 사람은 더욱 증가할 예정이다. 그러나 정작 김포공항역 최근거리 주택가 지역인 강서구 방화동, 공항동은 여전히 노후화된 모습을 보이고 있어 기회의 땅이라고 불리기도 한다.

6. 양재역 환승센터(GTX-C)

위치	서울특별시 서초구 서초2동 1376-3번지 일원
연계 교통	3호선, 신분당선, 버스 106개(광역 69)/장래 GTX-C
사업 내용	서초구청 및 일대기관을 연계해 광역버스정류장 및 회차시설 등 지하환승센터를 구축함으로써 '버스-철도' 간 환승 편의 제공
사업 기간	2021년~2026년
총 사업비	5,312억 원

자료 1-20. 서울특별시 서초구 서초2동 1376-3

출처 : 카카오맵 위성지도

양재역은 강남역만큼은 아니지만 상당한 통행량을 보이며, 특히 3호선과 신분당선이 교차되는 곳으로 아침 출근시간 3호선 하행선 승객 대부분이 이곳에서 환승한다. 또한 양재동 일대에 최초로 만들어진 지하철역으로 서초구 내곡동, 염곡동, 우면동 주민들이 특히 많이 이용한다. 더불어 경부고속도로 서초IC가 양재역 바로 서쪽 450m에 자리하고 있어 과천, 성남, 용인, 대전, 대구 등 지방으로 이동하는 사람이 많이 이용하고 있다. 이러한 양재역에 앞으로 GTX-C노선이 만들어질 예정으로 환승센터 이슈가 시작됐다.

자료 1-21. GTX 노선도

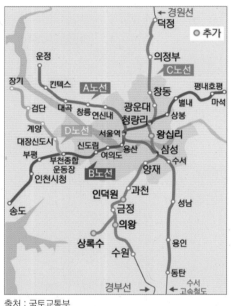

출처 : 국토교통부

GTX-C노선은 A노선 다음으로 만들어지는 광역급행철도이며, 2011년도 국가철도망 계획 이후 장장 13년간 기다려온 철도 노선으로, 지난 2023년 12월 26일 국토교통부는 GTX-C노선 착공을 승인했다. 해당 노선은 경기도 양주 덕정역을 시작으로 수원역, 상록수역을 종점으로 하며, 지하 50m 이상 하부에 만들어지는 고속철도다.

서울시는 양재역과 서초구청, 서초구보건소, 서초구의회를 중심으로 복합 개발에 대한 필요성이 꾸준히 제기됐고, 그 결과 '서초타운 GTX 환승센터' 개발이 확정됐다. 앞으로 서울 강남의 핵심지역으로 꼽히는 양재역 일대는 대지면적 16,618.4㎡, 연면적

196,000㎡, 지상 34층, 지하 6층(높이 150m) 규모의 건축물과 함께 광역교통 거점으로 개발된다. 최근 서초구 도시인프라조성과에서는 '서초타운 및 GTX-C 환승시설 통합 개발 수립용역'을 발주했고, 어린이집, 도서관, 실내체육시설, 복합문화시설, 노인복지시설, 창업지원시설, 오피스텔, 임대주택, 쇼핑몰, 영화관 등 인근에 주민들을 위한 복지시설 및 편의시설이 들어오며 일대의 랜드마크가 될 예정이다.

자료 1-22. 서초타운 및 GTX-C 환승시설 통합 개발 수립용역 및 조감도

출처 : 조달청 나라장터, 서초구청 홈페이지

7. 상봉역 복합환승센터(GTX-B)

위치	서울특별시 중랑구 상봉동 172 일원
연계 교통	7호선, 경의중앙선, 경춘선, KTX, ITX청춘, 버스 27개 노선(광역 7)/장래 GTX-B
사업 내용	버스-철도(7호선, GTX) 간 환승 편의 제고를 위한 환승시설(상봉역 인근) 및 지역경제 활성화를 위한 환승지원시설(망우역 인근) 구축
사업 기간	2020년~2029년
총 사업비	1,495억 원

자료 1-23. 서울특별시 중랑구 상봉동 172

출처 : 카카오맵 위성지도

    상봉역은 1996년 서울 지하철 7호선 역으로 출발해 경의중앙선, 경춘선, 강릉선이 만나는 교통의 요충지로 변모해왔다. 제법 많은 지하철 노선을 품고 있는 곳임에도 불구하고 사실 주변에 특별한 시설이 없었다. 보통 초역세권 인근에는 주변에 대단한 상업시설과, 놀거리, 볼거리, 먹거리들이 많으나 이곳은 조금 다른 모습으로 오늘날까지 유지 중이다. 그러나 GTX-B노선이 확정됨에 따라 큰 변화가 예상된다. 가장 확실한 움직임은 중랑구청의 'GTX상봉역 복합환승센터 타당성 평가 및 기본계획 수립용역' 내용을 살펴보면 알 수 있다. 우선 가장 큰 움직임은 상봉역과 망우역을 하나로 보고 개발계획을 수립 중이라는 것이다. 망우역과 상봉역은 도보 10분, 600m 정도의 거리여서 매우 가깝고, 망우역은 매우 큰 철도 부지를 보유하고 있으며, 상봉역은 경의중앙선과 7호선으로 환승 가능한 상황으로, GTX-B 핵심 노선이 들어서면서 이 둘을 하나로 묶어 시너지를 내려는 계획을 갖고 있다. 앞으로 망우역과 상봉역을 잇는 망우로를 적극 활용한 지하 공간 개발을 통해 일대를 크게 변화시킨다는 계획이다.

사실 GTX-A, B, C노선 중 가장 늦은 개발이 예정됐던 GTX-B노선은 많은 국민들의 성원에 힘입어, 2024년도 상반기에 첫 삽을 뜰 수 있는 분위기로 바뀌었다. 윤석열 대통령은 지난 2023년 12월 6일 GTX-A노선 현장점검 자리에서 GTX-B노선은 많은 국민들이 원하는 노선으로 내년 초 공사에 들어갈 수 있도록 하겠다고 이야기한 바 있다.

가장 저평가된 곳을 찾아 미래를 내다보고 소중한 자산을 던지는 행위를 투자라고 부른다. 상봉역과 망우역 인근 부동산은 분명 눈여겨봐야 하는 지역임에 틀림없고, 투자를 진지하게 고민해봄도 좋을 것 같다.

자료 1-24. GTX 상봉역 복합환승센터 타당성 평가 및 기본계획 수립용역 中

GTX 상봉역 복합환승센터 타당성 평가 및 기본계획 수립 용역

과 업 지 시 서

중 랑 구 청
(도시기반조성과)

1. 공간적 범위

○ 경의중앙선 상봉역~망우역 일대 상봉역 환승센터 구간의 직·간접 영향권

- 계획안 : 망우·상봉역 복합역사개발 연계, 망우로(상봉역~망우역) 지하공간 개발 및 활용
- 위 치 : GTX-B 상봉역(예정) 일대
  · 직접영향권 : 도보로 접근할 수 있는 권역
  · 간접영향권 : 연계교통수단을 이용하여 접근할 수 있는 권역
- 면 적 : 타당성 검토결과에 따라 개발규모 조정

4. 과업의 목적

○ GTX 중심의 수도권 대중교통체계 개편을 위한 교통거점 역할의 복합환승센터 구축

- 수도권의 대중교통체계를 급행철도 중심으로 개편하고 있음에 따라 향후 GTX역은 환승수요가 집중되는 교통거점으로의 역할이 중요시 될 것임
- GTX-B 노선의 예정역사인 상봉역은 KTX, 경의·중앙선, 경춘선, 7호선이 경유하고 있으며, 망우로 상 광역버스 및 간선버스가 집중 운영되고 있어 철도와 버스를 연계하고, 승용차 이용자를 아우르는 복합환승체계 구축이 필요함

○ 상봉역, 망우역, 망우로 여건을 고려한 대중교통 중심의 환승센터 구축

- 상봉역과 망우역은 약 600m 내외로 인접하고 있어, 상봉역과 망우역을 연계하는 환승체계 구축을 통해 환승센터의 활용성을 증대하는 방안이 필요함
- 망우로 및 망우로 지하공간을 활용하여 버스 등 타 교통수단과의 원활한 환승체계 구축이 필요하며, 지역발전 및 시민편의 제공을 위한 지하공간 활용방안에 대한 검토가 필요함

출처 : 중랑구청 홈페이지

8. 창동역 복합환승센터(GTX-C)

위치	서울특별시 도봉구 창동 1-29
연계 교통	1호선, 4호선, 버스 11개 노선/장래 GTX-C
사업 내용	창동역 동편에 주변 개발계획과 연계한 복합환승센터를 구축해 버스, 택시 등 연계 교통수단 간 유기적인 환승체계 마련
사업 기간	2022년~2025년
총 사업비	4,742억 원

자료 1-25. 서울특별시 도봉구 창동 1-29

출처 : 카카오맵 위성지도

창동역의 역사는 일제강점기 때로 거슬러 올라간다. 봄철마다 우이동 계곡이 벚꽃 명소로 이름을 알리며 창동역에 사람들의 발

자료 1-26. 1960년 창동역(좌), 1985년 창동역(우)

출처 : 한국학중앙연구원

길이 이어지기 시작했다. 한때는 경원선의 주요 화물역사로서 한
국제지 물류창고도 이곳에 위치해 있었다. 이후 1990년도 창동
역 일대의 주거 개발이 시작되어 오늘날의 모습을 갖추게 됐다.
1985년 4월 20일 4호선 창동역이 개통됐다. 이후 2019년까지
하루 평균 약 60,000명~70,000명이 4호선 창동역을 이용했으
나, 7호선 노원역 개통, 버스, 자가용 등의 이용으로 오늘날에는
45,000명으로 크게 줄어든 모습을 보인다.

　창동역 인근 상권은 언제나 매력적인 곳이다. 2005년 민자역사
공사로 1호선 승강장 위에 10층짜리 쇼핑몰 건설을 시작했으나,
약 500억 원의 자본잠식과 불법 대출로 인해 대표가 구속되고,
2010년 11월 8일 공정률 28%를 남겨둔 채 공사가 중단됐다. 중
도에 시공사만 3번이나 바뀌었으나 크게 개선된 부분은 없다. 문
제는 철골과 시멘트 구조물이 무려 11년 동안이나 방치됐다는 것
이다. 골조가 훤히 드러나 보기에 좋지 않을 뿐 아니라, 범죄에도
크게 노출되어 있어 개선이 시급한 상황이다. 이를 해체하려 해
도 승강장 바로 위에 있으며, 전차선도 건축물에 고정된 탓에 해
체 작업을 하려면 창동역 1호선의 운행을 중단해야 하는 등 복잡

자료 1-27. 서울 아레나X스퀘어(좌), 창동역 복합환승센터 위치도(우)

출처 : 아레나X스퀘어, 서울시청 홈페이지

하고 어려운 상황이다. 이후 HDC 현대산업개발 등 국내 많은 건설사들이 도전했으나, 중도 포기하게 됐고, 최종적으로 서울시가 부지를 제공하고 카카오가 사업비 3,100억 원을 투입해 한화건설이 시공하는 것으로 진행됐으나, 이 또한 고금리 등의 이유로 막바지 조율 중이다. 이번 고비만 넘기면 '서울아레나' 조성사업은 무난히 진행될 것으로 보이며, 창동역 인근 약 5만㎡ 부지에 1만 9,000석 규모의 음악 전문 공연장과 중형 공연장(2,000석), 영화관(7개관), 상업시설 등이 건립될 예정이다.

이와 더불어 창동역은 1호선, 4호선, 버스 11개 노선과 GTX-C가 확정됨에 따라 복합환승센터로 크게 변화될 예정이다. 지금까지는 창동역에서 삼성역까지 1시간이 소요됐다면, GTX-C 개통과 동시에 13분으로 대폭 단축된다. 다시 말하면 강남 생활권이라고 할 수 있기에 주변 부동산에는 큰 호재가 아닐 수 없다. GTX-C 노선은 2023년 12월 27일 국토교통부로부터 실시계획이 승인됐고, 2024년 1월부터 본격적으로 착공에 들어갔다. 2011년 국가철도망계획 반영 이후 13년 만이다. 10년 후 창동역은 크게 변화될 것이다. 창동역을 중심으로 도봉구, 강북구, 노원구 등 일대 장거리 출퇴근자들은 이곳 창동역을 더욱 자주 이용하게 될 것이고, 시간이 흐르면 흐를수록 일대 부동산의 가치는 더해갈 것이다.

자료 1-28. 창동역 복합환승센터 국제 설계 공모 및 조감도

출처 : 서울시청 홈페이지

9. 복정역 환승센터

위치	서울특별시 송파구 장지동 600-2 일원
연계 교통	8호선, 수인분당선, 버스 29개 노선(광역 5)/장래 위례과천선(제4차 국가철도망계획('21~'30)), 위례 트램
사업 내용	위례신도시 환승체계 개선과 교통 혼잡 완화를 위해 주변 업무·주거시설과 연계해 버스정류장, 환승주차장 등 환승센터 구축
사업 기간	2021년~2026년
총 사업비	4,742억 원

자료 1-29. 서울특별시 송파구 장지동 600-2

출처 : 카카오맵 위성지도

　복정역 하면 가장 먼저 드는 의문은 '행정구역은 서울시 송파구에 위치하는데, 왜 이름은 경기도 성남시 수정구 복정동에서 가져왔을까?' 하는 것이다. 배경은 이렇다.

복정역의 역명은 1994년 분당선 개통 당시 복정역 인근지역 주민 의견 조사와 성남시 지명위원회 심의를 거쳐 철도청에서 최초로 제정했다. 이 역의 역명을 위례역으로 하자는 주장이 있으나, 복정역 역명 개명 사항은 최초 제정한 건설교통부(현 국토교통부)의 소관으로 서울시는 지명위원회 등을 통해 제안만 가능할 뿐 개정 권한이 없었다. 그 결과 건설교통부가 역사명을 정하며 오늘의 복정역이 됐다.

복정역의 1일 평균 이용객은 2019년 21,345명을 끝으로 지속적으로 줄어들어 2023년 16,298명의 이용객을 보이며, 가장 많이 이용하는 사람은 단연 위례신도시 주민이다. 오늘날 복정역 인근은 위례신도시의 위상에 걸맞지 않게 별 볼 일 없는 인프라를 갖추고 있다. 특히 복정역 2번 출구 맞은편(복정역 기준 서측)은 여전히 농지와 오래된 판자촌 화훼마을이 자리하고 있다. 역세권에 맞지 않는 모습으로 SH서울주택도시공사가 역세권 청년주택 등 복합 개발을 추진 중에 있으나 여전히 큰 변화가 없는 실정이다. 복정역 1번 출구 앞은 복합용지, 도시지원 시설용지 등으로 토지이용계획이 확정됨에 따라 순차적으로 진행되는 듯했으나, 국회 정무위원회 국정감사에서 한국토지주택공사(LH)와 현대건설이 사전에 교감해서 공모를 가장한 '꼼수 수의계약'을 맺었다는 주장이 제기되어 사업이 조금 지연되는 분위기다. 이렇게 말도 많고 탈도 많은 이유는 복정역 환승센터가 만들어진 후 수요와 가치가 크게 상승될 것이 충분히 예상되기 때문이다.

복정역 환승센터 및 복정역세권 복합 개발사업은 총 연면적 100만㎡(강남 코엑스 2.2배)가 훌쩍 넘는 대규모 사업이다. 복정역 환승센터가 들어올 곳에는 오늘날 버스 차고지, 공영주차장, 노상 버스 환승센터 등이 자리하고 있다. 앞으로 이곳에 2024년 상반

출처 : DL이앤씨 컨소시엄

기 착공, 2027년 말 준공을 목표로 주차장 용지 1만 8,459㎡와 업무시설용지 1만 7,939㎡ 등 모두 3만 6,398㎡ 부지를 환승정류장과 환승주차장(744대), 최고 높이 45m의 공동주택(640가구), 오피스텔(813실), 근린생활시설, 공연장, 전시장, 집회장, 운수시설, 운동시설, 업무시설, 교육연구시설 등으로 개발 예정이며, 추정 사업비는 1조 5,000억 원이다(환승센터 4,742억 원).

더 나아가 위례신도시 주민들의 편의를 돕고자 트램 개발이 한창이다. 트램은 1968년 11월 서울전차가 폐지된 이후 무려 57년 만에 대한민국에서 다시 운행되는 노면전차(트램)로 마천역과 복정역까지 총 연장 4.7km, 정류장 9개소, 1일 이용 수요 41,380명, 총 사업비 약 1,800억 원을 들여 2022년 11월 28일 착공해 개발 중이다. 위례 트램 노선은 북 12시 방향 5호선 마천역을, 서쪽 5시 방향 8호선, 수인분당선 복정역과 연결되어 입주민들의 출퇴근 편의를 도울 예정이다.

뿐만 아니라 복정역에 위례과천선까지 연결되면 명실상부 4개의 지하철이 환승되는 쿼드러플 역사로 그 위상에 맞는 주변 모습을 갖추게 될 것이다.

자료 1-31. 위례 트램 노선도

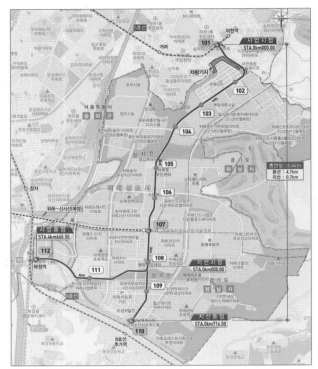

출처 : 서울시청 홈페이지

자료 1-32. 제4차 국가철도망 구축계획 위례과천선 계획안

출처 : 한국교통연구원

10. 사당역 복합환승센터

위치	서울특별시 서초구 방배동 2431 일원
연계 교통	2호선, 4호선, 버스 51개 노선(광역 19)
사업 내용	경기 남부와 서울을 잇는 관문인 사당역에서 버스정류장, 환승주차장, 사업시설 등 복합환승센터를 구축해 교통 편의 제공
사업 기간	2026년~2028년
총 사업비	8,251억 원

자료 1-33. 서울특별시 서초구 방배동 2431

출처 : 카카오맵 위성지도

    사당역은 1983년에 서울 지하철 2호선 교대역~서울대입구역 구간이 개통되고, 1985년 10월 18일 4호선 전 구간이 개통되며 환승역이 됐다. 4호선은 전 구간(한성대입구역~사당역 구간)이 개통될 때인 1985년 10월 18일부터 인덕원역~사당역 구간이 개통되기 전인 1994년 3월 31일까지 이 역에서 시·종착했다. 1994년 4월 1일부터 4호선이 남태령역을 넘어서 과천선, 안산선과 직결 운행해 지금의 수도권 전철 4호선 운행체계가 됐다. 사당역은 1일 평균 100,000~150,000명의 인원이 이용할 만큼 대단히 붐비는 역사로서 서울의 교통 요충지에 걸맞은 인원수를 보이고 있다. 이는 부산 서면역과 비슷한 탑승객 수라고 할 수 있다. 사당역 인근은 버스 혼잡으로도 매우 유명하다. 동작구, 관악구, 서초구 주민들이 몰리는 출근 시간대에 특히 혼잡도가 높으며, 수원, 시흥, 화성, 안양, 광명 등 보통 버스 2~3대는 보내야 탈 수 있는 상황으로 개선의 목소리가 끊이지 않는다.

자료 1-34. 사당역 1일 탑승 인원수

연도	②	④	총합	환승객 수 ②↔ⓟ	환승객 수 ④↔ⓟ	비고
[1994년~2009년]						
2010년	90,940명	60,019명	150,959명			
2011년	92,900명	60,889명	153,789명			
2012년	95,614명	58,864명	154,478명			
2013년	95,154명	61,542명	156,696명	자료없음		
2014년	96,797명	62,097명	158,894명			
2015년	95,329명	60,844명	156,173명			
2016년	93,494명	57,973명	151,467명			
2017년	91,018명	55,350명	146,368명	24,140명	21,920명	
2018년	91,263명	54,169명	145,432명	23,687명	20,312명	
2019년	92,839명	56,033명	148,872명	24,206명	22,207명	
2020년	66,028명	38,963명	104,991명	자료없음		
2021년	63,390명	37,927명	101,317명	명	명	
2022년	74,205명	44,678명	118,883명	명	명	

출처 : 서울교통공사, 철도통계연보

사당역 복합환승센터는 그동안 10년 넘게 지지부진했으나, 서울교통공사 주도로 개발 구상을 하며 다시금 활력을 찾았다. 기존에 검토됐던 공공주도형 개발 방식에서 방향을 바꿔 수익성 및 교통 편의 개선에 초점이 맞춰졌다. 2026년 첫 삽을 목표로 서초구 방배동 사당주차장 1만 7,777㎡에 복합환승센터를 짓는 사업으로 주거, 오피스, 상업시설 기능을 포함해서 수익성을 높이는 방식이 검토됐다. 토지 매입비는 4,000억 원이며, 총 사업비는 수조 원대에 달할 것으로 추정된다.

현재 다소 논란이 되는 부분은 해당 부지가 임시 저류조로, 집중호우 시 침수 피해를 예방하는 역할을 하는 곳이므로, 일대의 침수 피해를 막기 위한 조치가 이루어지기 전에는 추진이 쉽지 않다는 의견도 있으나, 정부에서는 강하게 추진하는 분위기다.

자료 1-35. 사당역 복합환승센터 조감도

○사당역 복합환승센터 부지 개발 향후 계획

2023년: 전문가 컨설팅(용역) 통해 개발 구상 및 사업 방향 설정
2024년: 기본 구상 및 타당성조사(유관기관 협의)
2025년: 민간사업자 공모, 인허가 및 설계착수
2026년: 착공

출처 : 서울교통공사

수도권 유망 지역, 이곳을 주목하라!
| 경기도+인천 편 |

대한민국에서 가장 많은 인구가 살고 있는 광역자치단체는 경기도다. 지리적으로 서울특별시, 인천광역시와 접하고 있으며, 서울을 계란 노른자, 경기도를 흰자로 표현해 최근 논란이 있기도 했다. 경기도라는 이름은 수도 주변 지역을 말하는 '경기(京畿)'에서 따온 것이며, 수도를 중심으로 가까운 주위 지방이라는 뜻도 지니고 있다. 경기도는 광역자치단체 중 인구 1위를 기록하고 있으며, 2003년 12월부로 서울의 인구수를 추월했다. 1955년 2,359,558명을 시작으로 1981년 7월 1일 인천직할시 분리를 제외하고는 계속해서 인구가 늘어나 2023년 11월 기준 13,628,135명으로 대한민국 한반도 전체 인구수인 51,712,619명 중 무려 26.35%가 경기도에 거주 중이며, 3기 신도시 등 계속적인 신도시 개발로 인해 앞으로 그 수는 더욱 증가될 예정이다.

서울 강남, 여의도, 용산 등 핵심 권역에 투자하기에는 자금이 다소 부족하고, 경기도 및 인천 일대의 좋은 투자처를 찾는다면,

앞으로 설명될 지역별 환승센터 및 복합환승센터를 주목해보는 것이 좋다.

지금부터 설명될 킨텍스 환승센터 등 20개소는 해당 권역별 교통 중 가장 중요한 거점 역할을 하게 될 것이며, 미래에 경기도, 인천광역시의 교통체계는 20개소를 중심으로 대부분 개편될 것이다. 앞으로 환승센터 및 복합환승센터를 보유한 곳과 그렇지 못한 곳은 같은 경기도, 인천광역시라고 할지라도 그 가치와 개발 방향성에서 큰 차이가 있을 것이다. 사람이 많이 몰리는 곳은 전 세계 어디를 가더라도 부동산 가치가 인근 지역 중 최고며, 낙후된 구도심 지역에서 좋은 교통편과 일자리 등이 활성화되어 중산층 이상의 계층이 유입됨으로써 기존의 저소득층 원주민을 대체하는 젠트리피케이션 현상이 생기기 마련이다. 앞으로 설명될 20개소 환승센터 및 복합환승센터를 적시적소(適時適所)에 선점하는 방법을 지금부터 진지하게 고민할 때다.

자료 1-36. 경기도 휘장(좌), 서울과 경기도 계란에 비유(우)

출처 : 경기도청 홈페이지, 저자 작성

1. 운정역 환승센터(GTX-A)

위치	경기도 파주시 동패동 409-1번지 일원(운정 3지구 택지 개발 內)
연계 교통	GTX-A
사업 내용	버스정류장, 택시승강장, 환승주차장 등 지하 환승센터를 구축하고, 지상광장 조성 및 주변 상권 연계를 통해 랜드마크 건설
사업 기간	2021년~2026년
총 사업비	1,678억 원

자료 1-37. 경기도 파주시 동패동 409-1

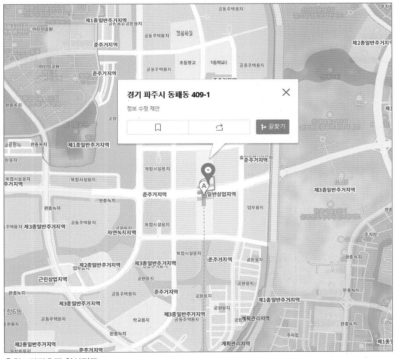

출처 : 카카오맵 위성지도

운정역 환승센터를 이야기하려면 먼저 2기 신도시를 알아야 한다. 2003년 노무현 대통령이 이끄는 참여정부는 서울의 부동산 가격 폭등을 억제하기 위해 2기 신도시 건설계획을 발표하고, 경기 김포(한강), 인천 검단, 화성 동탄1·2, 평택 고덕, 수원 광교, 성남 판교, 서울 송파(위례), 양주 회천·옥정, 파주 운정 등 수도권 10개 지역을 비롯해, 충남 천안·아산의 아산신도시, 대전 서구·유성구의 도안신도시 등 충청권 2개 지역 등 총 12개 지역을 2기 신도시로 지정한 사업이다. 서울을 중심으로 2기 신도시 중 서북쪽 가장 먼 곳에 위치한 운정신도시는 2022년 운정신도시 내 행정동이 개편되면서 기존 운정1동, 운정2동, 운정3동, 교하동으로 이루어져 있던 행정동을 운정1~6동, 교하동으로 변경했다. 사업 기간은 2003년부터 2014년까지로 잡혀 있으나, 2008년 금융 위기 등 토지 보상 문제로 인해 20년이 지난 지금까지도 공사 중에 있는 사업이다.

사실 파주 하면 가정 먼저 생각나는 것이 바로 북한이다. 6·25 전쟁 이후 지리적 특성상 서북쪽 최전방 방어 역할을 맡고 있는 파주는 북한 덕에 군대와 떼려야 뗄 수 없다. 북한군이 다시 남침을 시도할 경우 파주를 지나가는 것이 수도 서울로 진입할 수 있는 최단거리이므로, 파주 내 1군단, 5군단 등 군부대가 무수히 많은 것은 어쩌면 당연한지도 모르겠다. 이토록 많은 군부대와 서울로부터 불편한 교통 등 부동산 개발로부터 외면 받던 파주가 LCD클러스터산업단지(LCD산단, 월롱산단, 당동산단, 선유산단)를 비롯해 국가산업단지(파주출판문화정보, 파주탄현중소기업전용), 일반 산단(문발1, 2, 오산, 탄현, 신촌, 축현, 금파, 법원1, 2, 적성) 등 대기업 유치와 좋은 일자리가 대거 들어옴에 따라 주목받기 시작했다. 특히 파주시 월롱면 덕은리 1239번지 일원에 LG가 만들어낸 1,740,554m^2(526천 평), 고용인원 19,412명, LCD산업단지는 파주의 인구를 대폭 증가시켜 최전방, 시골이라는 이미지 변화 제고에 큰 역할을 했고, 그 결과 이번 GTX-A노선을 유치하는 데 크게 기여하게 됐다.

파주운정신도시에 들어가는 GTX-A 수도권 광역급행철도는 GTX 시리즈 중 가장 먼저 개통되는 노선으로, 기존에 없던 철도였던 터라 기대와 주목을 한 몸에 받고 있다. 오늘날 운정신도시에서 서울 강남 또는 서울역에 가려면 1시간 30분 이상 시간이 소요되는 반면 GTX-A노선이 개통되면 서울역은 19분, 삼성역은

자료 1-38. GTX 노선도

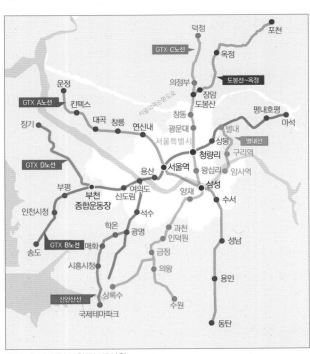

출처 : 국토교통부, 한국부동산원

25분이면 갈 수 있기에 그 파급력이 대단하다. 최근 분양 시장에서 GTX 이름만 붙어도 300대 1의 경쟁률은 기본이며 '집값 폭등열차'라고 불리기도 한다. 이토록 파급력이 강한 파주운정 GTX 환승센터는 경기도 파주시 동패동 409-1번지 내에 만들어진다.

파주 운정역 환승센터는 운정·교하지구 등 배후 인구 24만 명이 예상되는 기·종점역으로, 교통 편의를 향상시키고, 인접 지역이 미개발 상태인 점을 활용한 블록 단위의 역세권 통합 개발 구상안을 기반으로 추진 중이다.

자료 1-39. 운정역 환승센터

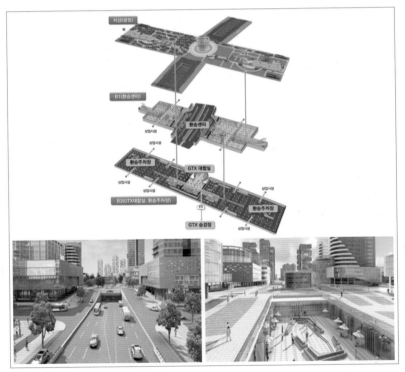

출처 : 국토교통부

미래 파주 운정역 인근 부동산 가격이 궁금하다면, 오늘날 GTX 킨텍스 역사가 예정된 인근 부동산 가격을 보면 대략 감이 올 것 같다. 분양가의 3~4배 이상 뛰어오른 킨텍스 원시티 분양을 통해 자본 증식의 맛을 본 사람이거나, 놓쳐서 아쉬움을 가졌던 많은 이들은 오늘날 파주 운정역 인근에 고밀 복합 개발 중인 주거 및 상업시설을 눈여겨보고 있다.

2. 킨텍스 환승센터(GTX-A)

위치	경기도 고양시 일산서구 대화동 2721
연계 교통	GTX-A, 버스 12개 노선(광역, 공항 2)
사업 내용	버스정류장, 셔틀버스정류장, 개인이동수단(PM) 등 GTX와 연계한 개발을 통해 킨텍스, 한류월드, 고양테크노밸리 등 이용객 편의 제공
사업 기간	2023년~2026년
총 사업비	350억 원

자료 1-40. 경기도 고양시 일산서구 대화동 2721

출처 : 카카오맵 위성지도

삼성동에 코엑스가 있다면 일산에는 킨텍스가 있다. 그리고 그 둘은 앞으로 GTX-A라는 이름으로 더욱 가까워진다. 경기도 고양 시 일산서구에 위치한 킨텍스는 2005년 4월 29일 제1전시장을, 2011년 9월 28일 제2전시장을 개관해 서울 모빌리티쇼, 고양 가 구박람회, 메가쇼 등 다채로운 박람회로 대한민국을 벗어나 전 세 계 사람들이 찾는 명소가 됐다. 뿐만 아니라 오늘날 서울, 경기권 에 대형 공연장이 부족한 상황에서 최근에는 BTS, 임영웅, 나훈아 등 대한민국을 대표하는 스타들과 포스트말론(Post Malone) 등 세계적인 팝스타도 공연장을 찾는 추세다. 2024년 4월 착공을 앞 둔 제3킨텍스 전시장은 29만 3천 730㎡, 공사비 6천 168억 원, 고 용 창출 연간 3만 227명, 연간 6조 4천 565억 원 등 고양시에 엄청 난 경제적 파급 효과를 불러올 예정이다. 제3전시장이 완공될 경 우 킨텍스는 실내 전시 면적 세계 25위권이 되면서 미국 라스베 이거스 'CES'(18만 6천㎡), 독일 베를린 'IFA'(16만 4천㎡), 스페인 바르셀로나 'MWC'(12만㎡) 등 세계적인 전시회와 대규모 글로벌 행사를 개최할 수 있는 전시 면적을 확보하게 된다.

자료 1-41. 킨텍스 제3전시장 조감도

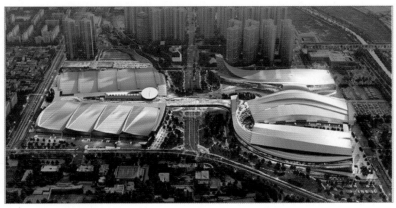

출처 : 고양시청 홈페이지

이토록 대단한 시설들이 들어서며 앞으로 많은 인구 유입이 예상되면서 GTX킨텍스역 주변의 움직임이 심상치 않다.

고양시 시민들에게 설문하면 '인구도 많고 호수공원 등 좋은 시설도 많아 살기는 참 좋은데 일자리가 없어…. 그래서 배드타운으로 불리는 게 아쉽고, 서울 가기가 너무 힘들어'라는 의견이 단연 첫 번째로 나온다. 오늘날 고양특례시는 2023년 11월 기준 107만 5,089명으로 수원시(119.7만 명), 용인시(107.5만 명)에 이어 3번째로 많은 인구가 거주 중이다. 하지만 아침만 되면 이토록 많은 인구 중 약 1/5 이상이 서울로 출퇴근한다. 열악한 교통편으로 인해 아침 출근길 지하철을 한두 번 보내는 것은 일상이고, 차량으로 이동 시 강남까지 2시간 이상 걸리는 지옥길을 맛보게 된다. 그러나 판교 테크노밸리가 개발되면 이야기는 조금 달라질 것 같다. 일산 테크노밸리는 판교 테크노밸리(454,964㎡)보다 약 2배 정도 큰 850,358㎡ 규모로 개발되며, 지난 2023년 10월 26일 착공을 시작으로 고양시의 새로운 청사진을 그렸다.

자료 1-42. 일산 테크노밸리 주변 개발 현황

출처 : 일산 테크노밸리 홈페이지

앞으로 이곳에는 메티컬, 바이오, 미디어, 콘텐츠 융합 산업과 관련된 고급 일자리가 집중적으로 자리하게 될 예정이다.

GTX킨텍스역 인근의 또 하나의 커다란 움직임 중 하나를 꼽자면 CJ라이브시티 아레나를 말할 수 있다. 아레나는 지난 2021년 10월 착공을 시작해 2024년 준공을 목표로 공사가 진행 중이며, 급등하는 건축비 등 사업성 문제로 인해 잠시 주춤하는 경향은 있었으나 고양시와 경기도, 국토교통부가 나서면서 정상 가동될 예정이다.

CJ라이브시티는 경기도 고양시 일산동구 장항동 1,884일대 32만 6,400㎡(약 10만 평) 규모로 개발 중이며, 세계 최초 K-POP 공연 전문 아레나를 포함한 K-콘텐츠 경험시설, 상업·숙박·업무·관광 시설, 한류천 수변 공원 등 대한민국에 없었던 새로운 공연 문화를 이끌어가기에 손색이 없는 도시를 만들기 위해 최선을 다하고 있다.

자료 1-43. CJ라이브시티 아레나 조감도

출처 : CJ라이브시티

앞의 3개 시설 중 1개만 지자체 내에 확보한다 해도 그 파급력은 실로 대단하다. 그러나 지금까지 설명한 킨텍스 제3전시장, 고양테크노밸리, CJ라이브시티 아레나 등은 모두 GTX-A킨텍스역 반경 2km 이내에서 벌어지는 일들이며, 오늘날 반경 내에는 이미 현대백화점 킨텍스점, 현대포터스튜디오 고양, 원마운트, 레이킨스몰, 트레이더스 홀세일클럽, 고양종합운동장, 고양소노아레나, 한국건설기술연구원, JTBC 일산 스튜디오, EBS, 빛마루 방송지원센터, 일산호수공원 등이 자리하고 있다.

이렇게 파급력이 강한 GTX 킨텍스 역사 인근 토지를 더 이상 만들어내는 것이 불가능한 현재, 고양시는 또 하나의 기발한 아이디어를 낸다. '킨텍스 일원 지하 공간 복합 개발'이 바로 그것이다.

자료 1-44. 킨텍스 일원 지하 공간 복합 개발 기본 구상

출처 : 고양시청 홈페이지

과업 배경은 킨텍스 일원의 부족한 편의시설과 동선 단절로 인한 문제점 해결이다.

즉, GTX 킨텍스역과 킨텍스 1, 2, 3전시장까지 연결되는 길이 도보로 이동하기에 다소 멀기 때문에, 지하 공간을 복합적으로 개발해 무빙워크 등 각종 편의시설을 넣고, 다양한 볼거리, 먹거리, 즐길 거리 등을 넣어 킨텍스 전시장까지 이동하는 길을 즐겁고 매력 있는 곳으로 만들겠다는 고양시의 계획인 것이다. 지하 공간으로 선정된 곳은 한국건설기술연구원 앞 삼거리~킨텍스 사거리~한류월드 사거리로서 거리는 약 1.2km다.

킨텍스 인근 부동산은 언제나 뜨겁다. 킨텍스 원시티 147.79/104.9m^2는 지난 2022년 6월 실거래가 19억 8,000만 원이었고, 211.24/148.93m^2는 2017년 5월 11억 4,519만 원 이후 거래가 없으며, 오늘날 호가가 40억 원에 육박한다. 서울과 견줄 만큼 큰 폭으로 가격이 상승한 킨텍스 환승센터 인근 부동산은 앞으로 꾸준한 관찰과 지속적인 관심이 필요한 지역임에 틀림없다.

3. 대곡역 복합환승센터(GTX-A)

위치	경기도 고양시 덕양구 대장동 420-1 일원
연계 교통	GTX-A, 3호선, 경의중앙선, 대곡소사선, 교외선, 버스 14개 노선(광역 2)
사업 내용	대곡역세권 개발사업과 연계해 버스정류장, 택시승강장, 환승주차장과 상업시설, 주거시설 등 환승지원시설 구축
사업 기간	2021년~2027년
총 사업비	7,684억 원

자료 1-45. 경기도 고양시 덕양구 대장동 420-1

출처 : 카카오맵 위성지도

대한민국에 이러한 곳은 없다. 메가톤급 철도노선 GTX-A를 비롯해, 3호선, 경의중앙선, 대곡소사선, 교외선 등 무려 철도 노선

5개를 보유하고 있음에도 불구하고 주변은 아직 모두 그린벨트, 농지로서 미개발된 상태다. 대곡역은 1996년 일산선 개통과 동시에 간이역으로 시작됐고, 2018년 고양시에서는 대곡역의 역명을 고양중앙역으로 변경하는 제안을 하기도 했으나, 고양시 덕양구 대장동(大莊洞)과 내곡동(內谷洞)의 경계 지점에 있어 역명 결정 과정에 논란이 일자, 두 동명에서 한 글자씩 조합해 '대곡'으로 역명이 결정됐다. 서울의 몇몇 곳을 제외하고 이토록 많은 철도노선이 환승되는 곳은 별로 없다. 대곡역은 대단히 많은 환승역을 보유한 곳임에도 불구하고, 주변이 미개발된 터라 사용자는 그리 많지 않다. 2022년 기준 하루 평균 이용객 3,431명으로 많은 환승역을 보유한 역사라고 불리기에는 형편없는 기록을 보인다. 그러나 대곡역은 여기서 멈추지 않고 철도 7개 노선이 교차되는 '헵타역세권'이라는 큰 그림을 그린다. 기존 수도권 전철 3호선, 수도권 전철 경의중앙선, 수도권 전철 서해선, GTX-A, 교외선 등 5개 노선에 이어 홍대입구~통일전망대선, 대곡~식사로 연결되는 식사 트램 노선 등 총 7개 노선이 대곡역을 거쳐 갈 계획이다. 오늘날 이미 개통된 노선만 보더라도 서울역, 광화문, 강남 센트럴시티, 코엑스, 여의도, 일산신도시, 김포국제공항, 의정부, 부천, 안산, 홍대, 신촌, 용산, 청량리, 상봉, 수서 등 서울과 경기도 곳곳을 환승 없이 이동 가능하다. 서울을 통틀어 7개 노선이 환승되는 곳은 없다. 그렇다면 이토록 대단한 교통편을 가진 곳이 왜 지금까지 개발되지 못하고 20년째 그대로 방치되어 있는 것일까? 지난 2016년 3월 대곡역세권 개발사업에 훈풍이 돌았다. 고양도시개발공사(고양시), 경기주택도시공사(GH), 한국철도시설공단 3자는 업무 협약을 체결하고 대곡역세권을 공동 개발하기로 협의했다. 하지만 한국철도시설공단(현 국가철도공단)이 돌연 사업 시행 의사를 중도 철회했다. 공단이 자체적으로 KDI에 의뢰해서 진행한 대곡 역세권 개발 타당성 용역에서 '사업성이 부족하다'라는 결과가 나오자 사업 포기를 결정한 것이다. 이후 고양시는 강한 개발의 의지로 한국토지주택공사와 협약을 맺고 2019년부터 LH, GH 등과 약 1년간 사전 협의 6회, 실무 협의회 3회를 거쳐 사업비 분담률을 LH 60%, 고양도시개발공사 30%, GH 10%로 결정했으나, 2021년 대한민국을 땅 투기로 떠들썩하게 했던 'LH 사태'로 이 또한 무산되고 말았다. 또 하나의 이슈는 '주택 개발 vs 기업 유치 둘 중 어떤 것이 더욱 효과적인가?'에 관해 뜨거운 공방이 있었다. LH는 주택 개발을 원했고, 고양시는 자족도시로서 기업 유치를 희망해 이 또한 흐지부지 넘어가게 됐고, 이미 너무 훌륭한 인프라로 인해 도시 개발 시 비용이 많이 발생한다는 이유로 토지 보상 등 다양한 이슈가 있어 3기 신도시 택지 개발에서도 밀려남으로써 오늘날 답보 상태로 여전히 남아 있다.

자료 1-46. 대곡역 복합환승센터

출처 : 고양시청 홈페이지

자료 1-47. 고양특례시 시장 공약사항 복합환승센터 연계 대곡역세권 개발조성계획

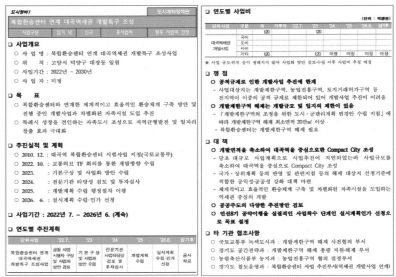

출처 : 고양시청 홈페이지

　　그러나 때가 되면 대곡역세권 개발은 무조건 하게 되어 있다. 위 고양특례시 시장 공약사항을 보면 2024년 전문기관 사업 타당성 평가 및 검토, 2025년 개발계획 수립, 2026년 실시계획 수립, 인가 신청 이후 공사 착공으로 연도별 추진계획이 잡혀 있다. 물론 대곡역은 최고의 교통편을 갖춘 곳으로 무조건 시작만 하면 주변 최고의 랜드마크가 될 것이 분명하기에 언제나 뜨거운 감자다. 때를 기다리는 자가 큰 열매를 먹게 되어 있다. 현재 무주택자라면, 특히 고양시에 거주 중인 시민이라면 경기 서북부 최고의 교통편과 변화를 앞둔 대곡역 복합환승센터는 반드시 관심을 가져야만 하는 곳임에 틀림없다.

4. 용인역 복합환승센터(GTX-A)

위치	경기도 용인시 기흥구 보정동 1019-202
연계 교통	GTX-A, 수인분당선(구성역), 버스14개 노선
사업 내용	버스정류장, 환승주차장, 버스터미널, ex-Hub 등 복합환승센터 구축을 통해 다양한 교통수단을 연계하는 환승체계 구축
사업 기간	2019년~2028년
총 사업비	8,265억 원

자료 1-48. 경기도 용인시 기흥구 보정동 1019-202

출처 : 카카오맵 위성지도

    용인역 복합환승센터는 기존 수인분당선 구성역과 GTX-A노선 용인역, 경부고속도로를 하나로 연결하는 교통의 허브로 만들어질 예정이다.

구성역은 2011년 12월 28일 오리-수원을 잇는 분당선 연장 개통과 함께 처음 영업을 시작했다. 최초 계획 당시에는 신갈1역으로 불리었으나, 역사의 위치가 옛 구성읍에 해당해서 최종 구성역으로 결정됐다. 이후 2020년 수원과 인천을 연결하는 수인선이 완전 개통되며 분당선과 직결됐다. 최근 광역급행철도 GTX-A 용인역이 만들어지며 일대 대규모 택지 개발사업인 '용인 플랫폼시티' 개발이 본격화됐다. 용인 플랫폼시티는 GTX, 지하철, 고속도로가 교차하는 수도권 남부 최적의 교통 요충지로서 산·학·연이 어우러진 첨단 산업의 발전과 상업, 주거, 문화, 복지 등 다양한 활동의 기반이 되는 새로운 용인의 경제 중심 복합신도시를 말한다. 용인시 기흥구 보정동, 마북동, 신갈동, 수지구, 상현동, 풍덕천동 일원 2,757,186㎡(83만 평) 규모의 택지 개발로 계획 인구가 10,416세대인 대규모 개발이다.

용인 플랫폼시티 토지이용계획을 보면 화살이 위로 향한 모습을 하고 있다. 이유는 태광CC, 수원CC, 한성CC, 남부CC, 88CC, 레이크사이드CC 등이 동서남북을 전부 두르고 있어서 이 모든 것을 피해 한 평이라도 개발하려는 의지로 이 같은 모양이 된 것이다. GTX 용인역 복합환승센터를 기준으로 서쪽으로는 광교가, 그 옆에는 수원, 북쪽으로는 분당, 판교, 남쪽으로는 동탄이 자리하고 있다. 유일한 미개발지였던 구성역 일원의 토지를 이번에 용인특례시가 마음먹고 만드는 사업인 만큼 그 계획 또한 매우 화려하다. 가장 우선된 사업 목적은 '자족도시'다. 자족도시(自足都市)란 특정 산업이나 기능을 중심으로 만든 자급자족형 복합도시를 말하며, 일자리, 주거, 문화, 상업 등 모든 것을 용인 플랫폼시

자료 1-49. 용인 플랫폼시티 토지이용계획

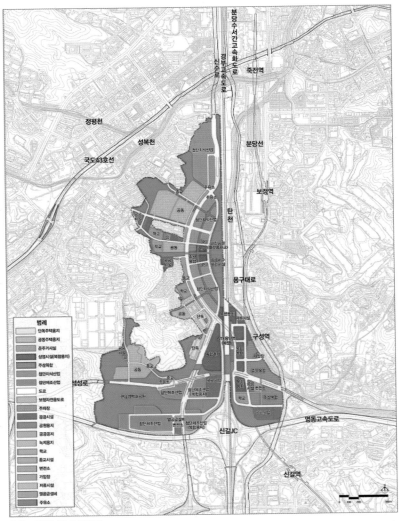

출처 : 용인시청 홈페이지

티 내에서 해결하겠다는 뜻이다. 용인 플랫폼시티는 주거시설(단
독주택, 공동주택, 준주거시설), 상업(상업시설, 주상복합), 산업(첨단
지식산업, 첨단제조산업), 도시기반시설(도로, 공공시설, 학교, 공원녹

지) 등으로 구성될 예정이다. 이 중 첨단지식과 제조산업단지, 첨단 의료용품 및 의약품, 반도체, 통신, 방송장비, 의료용 물질 및 의약품, 의료, 정밀광학기기, 전자부품, 통신제조업 등이 자리할 예정으로 일대에 많은 일자리 제공을 통해 판교 이상의 자족도시 기능을 충분히 해낼 수 있을 것이다.

자료 1-50. 용인 플랫폼시티 지목별 면적

출처 : 용인 플랫폼시티

또한 판교, 광교, 인천계양, 남양주왕숙, 하남교산 등 최근 경기권에 새롭게 만들어졌거나, 앞으로 만들어질 신도시 대비 낮은 인구 밀도와 높은 공원, 녹지 비율로 개발하면서 쾌적함을 유지한다는 컨셉을 가지고 있다. 즉, 양질의 일자리＋최고의 교통＋쾌적한 도시를 만들겠다는 용인시의 강한 의지라고 할 수 있다.

	플랫폼시티	판교	광교	인천 계양	남양주 왕숙	하남 교산
면적	2,757,186㎡	8,921,788.2㎡	11,304,494㎡	3,331,714㎡	8,654,278㎡	6,314,121㎡
인구	28,125명 (10,416세대)	87,789명 (29,263세대)	78,423명 (31,429세대)	38,996명 (17,289세대)	125,335명 (53,534세대)	77,925명 (33,037세대)
인구밀도	102.0인	198.4인	69.4인	117.0인	144.8인	123.4인
공원녹지율	33.4%	28.4%	40.0%	24.3%	26.5%	29.5%
자족용지율	16.2%	4.9%	4.4%	19.8%	7.2%	10.8%
기반시설율	62.0%	65.5%	71.8%	50.8%	59.5%	60.0%

출처 : 용인 플랫폼시티

이뿐 아니라 용인은 우리나라의 먹거리 산업 1번이라고 불리는 반도체 K벨트 중에서도 허리 축을 담당하고 있다. 대한민국 반도체 시장을 이끄는 두 기업 삼성전자와(남사읍 300조 원), SK하이닉스는(원삼면 120조 원) 앞으로 용인이라는 특정 지역에 엄청난 예산을 투자해서 세상에 없던 반도체 공장을 만들 것이며, 그만큼 인구수는 지속해서 증가될 것이다. 2020년 12월 9일 100만 인구 이상 대도시에 '특례시' 명칭을 부여하는 지방자치법 전부개정안이 국회 본회의를 통과하면서, 수원·고양·용인·창원 등 인구 100만 명 이상의 대도시가 2022년 1월 13일부터 특례시로 불리게 됐다. 오늘날 수원시가 1등(119.7만 명), 용인시가 2등(107.5만 명)으로 경기도 인구수를 나타내는데, 두 기업의 투자가 확정되며 시간이 지나 1등 자리가 용인으로 역전될 가능성이 농후하다.

이 모든 이슈의 중심에 오늘의 주인공 GTX 용인역 복합환승센터가 있고, 그 일대 부동산 움직임을 반드시 주목해봐야 한다.

자료 1-52. K반도체 벨트 중심에 있는 용인특례시(위), 용인시 인구 증가 추이(아래)

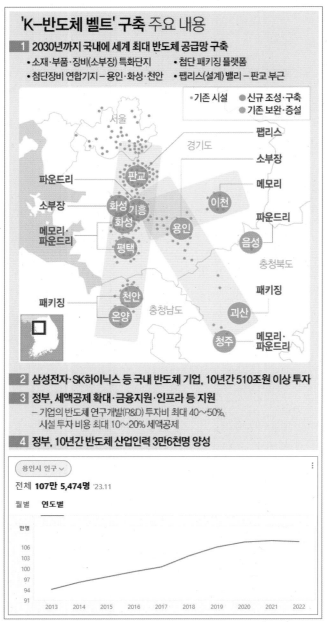

출처 : 산업통상자원부, 행정안전부

5. 동탄역 복합환승센터(GTX-A)

위치	경기도 화성시 오산동 967-164
연계 교통	GTX-A, 인덕원동탄선, 동탄 도시철도 트램
사업 내용	동탄역 서편에 지하 버스환승센터를 구축해 버스-철도(SRT, GTX, 인덕원동탄선) 간 환승 편의 개선
사업 기간	2020년~2026년
총 사업비	951억 원(광역교통 개선 대책과 연계해 총 사업비 변동 가능)

자료 1-53. 경기도 화성시 오산동 967-164

출처 : 카카오맵 위성지도

　동탄신도시는 경기도 화성 동측에 있어 동화성이라고 불리며, 행정구역은 동탄1~9동으로 구분된다. 동쪽으로는 용인시 처인구

이동읍, 서쪽으로는 병점동과 오산시 외삼미동, 내삼미동, 수청동, 남쪽으로는 오산시 부산동, 은계동과 용인시 처인구 남사읍, 평택시 진위면, 북쪽으로는 반월동과 용인시 기흥구 농서동, 고매동과 접해 있다. 사실 최초에 화성 동탄신도시라는 이름으로 만들어지려 했으나, 화성은 "살인의 추억 이춘재 연쇄살인 사건의 이미지가 강하게 남아 있다"라는 한국토지공사의 의견으로 화성을 뺀 동탄신도시로 결정됐다. 동탄신도시를 연결하는 교통편 중 가장 활발히 이용하는 철도는 단연 2016년 12월 9일 개통한 SRT노선으로 하루 이용객이 약 1만 명에 달한다. 해당 노선은 부산, 목포, 진주, 포항, 여수는 물론이며, 특히 동탄에 거주 중인 주민 중 다수가 서울 강남 수서역으로 출퇴근을 하면서 출퇴근 시간뿐 아니라 주말이면 예매가 상당히 어렵다.

그러나 GTX-A노선이 2024년 3월 중 개통되면 이러한 애로사항은 다소 해소될 것으로 보인다. 동탄신도시는 2기 신도시로서 파주운정신도시와 마찬가지로 서울 부동산 가격 폭등 등을 막기 위해 추진된 사업으로, 2003년부터 시작됐다. 다음 표와 같이 2기 신도시 중 단연 동탄1, 2 신도시의 수용 인구수가 가장 많으며, 면적 또한 56.32㎢로 가장 크다. 많은 인구가 거주하는 만큼 주변 일자리 또한 대단하다. 삼성전자 DSR타워, 현대트랜시스, 한미약품, 반도체장비기업 ASML, 3M, 일동제약, 한국지역난방공사, 한국도로공사 등 많은 일자리가 동탄 인근에 위치해 있다.

서울 강남 접근성, 도시 내 인프라, 일자리 등 자족도시로서 흠 잡을 곳이 없는 동탄신도시인 만큼 집값도 대단하다. 동탄역 바로 앞에 위치한 동탄역 롯데캐슬(138.29/102.7㎡)은 2023년 9월에 21억 원의 실거래가를 보였으며 역세권에서 제법 떨어진 곳들도

자료 1-54. 제2기 수도권 신도시(좌), 동탄도시철도 진행 현황(우)

구분	위치 지역	부지면적 (㎢)	주택건설 (천호)	수용 인구 (천명)
판교신도시	성남시	8.9	29.3	88
동탄1신도시	화성시	9.0	41.5	126
동탄2신도시	화성시	24.0	116.5	286
한강신도시	김포시	11.7	61.3	167
운정신도시	파주시	16.6	88.2	217
광교신도시	수원시, 용인시	11.3	31.3	78
양주신도시	양주시	11.2	63.4	163
위례신도시	서울 송파구, 성남시, 하남시	6.8	44.8	110
고덕국제신도시	평택시	13.4	57.2	140
검단신도시	인천 서구	11.2	74.7	184

출처 : pmg지식엔진연구소, 화성시청 홈페이지

동탄도시철도[트램]

사업개요
○ 사업위치: 수원 망포역(기점) - 동탄역 - 오산 오산역(종점), 16.4km
　　　　　　 화성 병점역(기점) - 동탄역 - 동탄 차량기지(종점), 17.8km
○ 사업내용: 노선 34.2km, 정거장 36개소
○ 사업기간: 2019. 5. ~ 2027. 12.
○ 소요예산: 9,773억원(LH부담금 9,200억, 지방분담 573억(화성 461, 오산 95, 수원 17))
○ 노선도

추진현황
○ 2009. 9. 동탄(2) 광역교통개선대책 확정
○ 2019. 5. 도시철도망 구축계획 승인(국토부)
○ 2021. 7. 경기도 도시철도망 구축계획 변경승인(국토부)
○ 2021. 8. 동탄도시철도(트램) 기본계획 승인(대광위)
○ 2022. 3. 동탄도시철도 중앙투자심사 통과(행안부)
○ 2022. 6. 사업비부담 업무협약(LH) 체결 및 차량기지 토지매입
○ 2022. 9. 동탄도시철도(트램) 건설사업 기본설계(1공구, 2공구, 시스템) 용역 착수
○ 2023. 1. 동탄도시철도(트램) 건설사업 환경영향평가 용역 착수
○ 2023. 2. 동탄도시철도(트램) 건설사업 기본설계 건설사업관리 용역 착수
○ 2023. 4. 동탄트램 마스터플래닝 기반디자인 용역 착수
○ 2023. 4. 동탄도시철도(트램) 건설사업 재해영향평가 용역 착수

추진계획
○ 2022. 9. ~ 2023. 9. 기본설계 용역 추진
○ 2023. 10. ~ 2027. 12. 실시설계 용역 및 공사(시운전 2027.7, 개통 2027.12.)

| 희망화성 | 담당부서 | 트램건설과 | 트램건설팀 | ☎031-5189-5245 |

대부분 10억 원이 훌쩍 넘는다. 이처럼 대단한 신도시 내에 복합
환승센터가 만들어진다면 얼마나 많은 사람이 찾는 교통의 허브
역할을 할지 기대가 크다. 동탄에는 앞으로 위례신도시와 마찬가
지로 트램도 만들어질 예정이다. 동탄 트램은 2024년 6월에 건설
사업 착공 예정이며, 병점역에서 동탄역을 잇는 노선과 수원 망
포역에서 동탄역을 거쳐 오산역을 잇는 2개 노선으로 추진된다.
사업 예산은 9,800억 원에 이르고, 2027년 말까지 총 34km 구
간에 정거장 36곳이 들어서게 되는데, 이 모든 노선의 주인공은
역시 동탄역 복합환승센터다. 오늘도 상당한 부동산 가격과 인프
라를 자랑하는 동탄신도시, 앞으로도 꾸준히 주목해봐야 할 곳임
에 틀림없다.

자료 1-55. 동탄역 환승센터 추진 현황

동 탄 역 복 합 환 승 센 터

■ **사업개요**
- ○ 사업위치: 화성동탄(2)지구 동탄역 인근
- ○ 사업내용: 교통시설2(KSRT, 인덕원~동탄 전철, 버스, 승용차 등) 환승시설 설치
- ○ 시행주체: 한국토지주택공사(LH)
- ○ 사 업 비: 동탄2 광역교통개선대책 부담금 1,951억 원(동탄역사 제외)

■ **추진현황**
- ○ 2009. 9. 광역교통개선대책 수립
- ○ 2014. 5. 동탄 통합역사 사업비 분담 등 건설방안 협약 체결
- ○ 2018. 11. 광역교통개선대책 변경(안) 제출
- ○ 2022. 3. 버스환승 지상환승체계(환승E/V 포함) 추진 확정(화성시)
- ○ 2022. 10. 동탄트램 기본설계 착수(화성시)
- ○ 2022. 11. 동탄역 E/V 설치를 위한 용역 착수(LH)
- ○ 2023. 5. 동탄트램 동탄역 정거장 계획 확정·통보(화성시→LH)
- ○ 2023. 7. 동탄역 환승센터 상부환승시설 배치 설계 착수(LH)

■ **추진계획**
- ○ 2023. 8. 화성시, KR협의, 교통전문가 등 자문(LH)
- ○ 2023. 12. 환승시설 배치 및 E/V 세부방안 확정(LH)
- ○ 2024. 上. 동탄역 환승센터 상부환승시설 및 E/V 실시설계 완료(LH)
- ○ 2024. 上. 경부직선화 상부광장 및 상부환승시설 착공(LH)
- ○ 2027. 12. 동탄트램 및 동인선 등 연계교통수단 준공

■ 광역환승센터 추진 현황

구 분	개요	사업주체	추진현황	추진계획 (잔여공사분)
① 동탄역사	SRT, GTX-A	KR	개통('16.10)	서측출입구, E/V 등
② 환승주차장(1)	역사내(419면)	KR	개통('16.10)	주차장 진·출입램프
③ 환승주차장(2)	공원지하(566면)	LH	공사착수('21)	공사준공('23년 말)
④ 지하환승보행로	L=650m	LH, 민간	샤블단지~동탄역 운영중('21.7)	중상1구간 및 전/통, M/W 등
⑤ 상부 환승광장	약 3만㎡	LH	공사발주중('23.5)	경부직선화 개통('23말)후 공사착수 예정
⑥ 지상 환승시설	트램 버스 택시 등	LH, 화성시	세부배치 협의중	
⑦ 환승 E/V	환승용 E/V 7기	미정	추진방안 협의중	미정

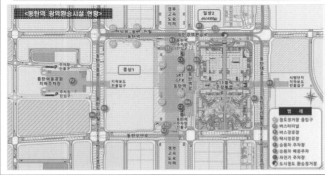

출처 : 화성시청 홈페이지

6. 인천대입구역 환승센터(GTX-B)

위치	인천광역시 연수구 송도동 78-1번지 일원(인천대입구역)
연계 교통	인천1호선, 버스 13개 노선(광역 6)/장래 GTX-B
사업 내용	지상 2층 규모의 버스환승센터를 구축하고 E/V, E/S 등 수직 고속환승통로를 통한 환승 편의 개선
사업 기간	2021년~2027년
총 사업비	614억 원

자료 1-56. 인천광역시 연수구 송도동 78-1

출처 : 카카오맵 위성지도

인천광역시 연수구는 미추홀구, 중구, 남동구와 접하며 최남단에 위치해 있다. 인천광역시 중 최고의 교육열과 그에 걸맞은 부촌의 모습을 자랑해 일명 '인천의 강남'이라고 불리며 학군 중심의 도시다. 본래 이 지역은 농촌과 갯벌 지대였으나 구 송도, 연수지구, 송도국제도시 순으로 대규모 택지 개발과 일자리가 들어서며 크게 변했다. 오늘날 인천광역시에서 생활수준이 가장 높은 곳이다. 2000년대 중반 송도국제도시가 개발되면서 그 명성이 더욱 높아졌으며, 1995년 218,414명에 그쳤던 인구수는 2023년 11월 기준 391,934명으로 크게 올라갔다. 오늘날도 매년 5,000명~20,000명씩 인구가 증가하는 추세다. 주변 인프라 또한 대단하다. 송도컨벤시아, 한국관광공사, 쉐라톤그랜드 인천호텔, 오라카이 송도파크호텔 등이 자리해 있다. 이뿐만 아니라 국제도시 바이오 단지에는 우리나라 제약 분야 최고의 기업 삼성바이오로직스, 셀트리온 등이 자리해 있으며, 인천글로벌캠퍼스 내에는 포스코글로벌 R&D센터, 조지메이슨대학, 겐트대학, 한국뉴욕주립대학 등 세계적인 대학들도 자리해 있어 학군 또한 매우 좋다.

자료 1-57. 송도센트럴파크(좌), 송도컨벤시아(우)

출처 : 인천시청 홈페이지

이토록 발전의 발전을 거듭하는 인천광역시의 인구는 앞으로 인천대입구역 환승센터에 대거 몰리게 되어 있다.

자료 1-58. 삼성바이오로직스(좌), 셀트리온(우)

출처 : 삼성바이오로직스, 셀트리온

　인천대입구역은 인천광역시 연수구 송도1동과 송도4동에 있는 인천 도시철도 1호선의 전철역이다. 2009년 인천세계도시축전 개최 후 2012년 10월까지 투모로우시티(Tomorrow City)를 부 역명으로 사용했다가 같은 해 11월부터는 송도컨벤시아로 변경됐다. 이후 인천대학교 송도캠퍼스가 위치해 있어 2013년 11월에 영어 역명이 Univ. of Incheon에서 Incheon Nat'l Univ.로 바뀌게 됐다.

　2009년 개통 당시만 해도 1일 탑승객이 2,300명에 그쳤으나, 오늘날 12,000명으로 크게 늘었다. 앞으로 인천대입구역 환승센터가 들어서는 연수구 송도동 78-1번지 일대는 엄청난 몰세권으로 탈바꿈된다. 환승센터 기준 우측에는 롯데몰, 좌측에는 이랜드몰, 그 앞쪽에 신세계몰이 자리할 예정으로 연인과 가족들이 모여 쇼핑과 외식 등을 하는 소비의 지역으로 변모할 예정이다. 이뿐만 아니라 인천관광공사를 중심으로 지역 마이스 산업[MICE(기업회의(meeting), 포상관광(incentives), 컨벤션(convention), 전시(exhibition))]을 지속적으로 발굴하고, 유치하는 등 뉴노멀 시대에 맞게 발 빠르게 움직이고 있다.

자료 1-59. GTX-B 인천대입구역 환승센터 건립 기본계획 용역

GTX-B 인천대입구역 환승센터 건립 타당성 평가 및 기본계획 용역
과 업 내 용 서

ifez 인천경제자유구역
Incheon Free Economic Zone
개발계획총괄과

출처 : 인천시청 홈페이지

   인천대입구역에 환승센터가 건립되어야 하는 이유는 다음과 같다. 첫째, 수도권의 대중교통체계는 GTX 급행철도를 중심으로 개편 중이며 향후 GTX 역사는 환승 수요가 집중되는 교통 거점이 될 것으로 예상된다. 또한 인천대입구역 일원은 GTX-B노선 이외에도 인천지하철 1호선, 13개 버스노선, 송도 시외버스 환승센터 등 환승 수요 가중과 환승 불편이 우려되므로 선제적으로 이용자 중심의 환승센터 구축이 필요하다. 둘째, 인천대입구역 일원은 GTX-B노선의 시·종점역이라는 특수성과 인접한 대규모 상업시설(3개소) 건설사업의 입지적 특성을 고려한 환승시설 및 환승지원시설의 최적 구상이 요구되며 이를 통해 공공성을 최우선으로 하는 원스톱 환승체계로 조성해서 시민의 편의 증진과 대중교통 수요 확대를 도모하는 환승센터로의 건립이 필요하다.

   이처럼 대단한 시설과 일자리, 교통편을 확보한 인천대입구역 인근 부동산 가격도 상당하다. 송도더샵프라임뷰 177B/144㎡ 기

자료 1-60. 인천대입구역 조감도

출처 : 인천시청 홈페이지

준 25억 원 이하 매물은 찾아보기 어렵고, 역사 앞에 위치한 송도 더샵애비뉴 146/108㎡ 또한 16~17억 원의 매물 가격을 보인다. 이처럼 매력적인 도시인 인천 연수구의 인천대입구역 GTX-B 환승센터 인근 부동산도 반드시 관심을 가져야 하는 곳임에 틀림 없다.

7. 인천시청역 환승센터(GTX-B)

위치	인천광역시 남동구 간석동 493-27
연계 교통	인천1·2호선, 버스 11개 노선(광역 2)/장래 GTX-B
사업 내용	인천 중앙근린공원 내 지하 버스정류장 등 환승센터를 구축하고, 생활 SOC 등 공공시설 배치를 통해 주민 편의 제고
사업 기간	2021년~2027년
총 사업비	342억 원

자료 1-61. 인천광역시 남동구 간석동 493-27

출처 : 카카오맵 위성지도

    인천광역시 동남부에 위치한 남동구는 서울을 제외한 지역 자치구 중에서는 대구광역시 달서구, 인천광역시 부평구에 이어 폭발적인 인구 증가세를 기록했으며, 인천광역시청이 이전하며 급속도로 발달했다. 2015년에 인구 531,395명으로 50만을 넘겨 인천시 인구 1등의 명성을 유지했으나, 지난 2018년 12월 인천 서구에 1위 자리를 내주게 됐다.

오늘날 인천시청역은 1999년 10월 6일 개통된 인천1호선, 2016년 7월 30일 개통된 인천2호선이 교차되는 곳으로서 모두 인천교통공사 소속으로 운영 중이다.

인천시청역은 2019년 1일 이용객 17,842명을 끝으로 계속해서 감소 추세를 보이며, 오늘날 14,000명 정도의 일평균 이용객 수를 보이고 있다. 역세권의 범위가 좁지도 않고, 인천시청 앞의 상업지구와도 연계되어 있음에도 불구하고 이용객 수가 비교적 적고, 언덕 위에 역이 있어 주변에서 도보로 이동하기에 불편하다는 점도 단점으로 꼽힌다. 인천시청역을 서울시청과 비교하자면 인천대입구역은 서울 강남, 여의도와 비교할 수 있다. 그만큼 고급 일자리와 학군이 불러오는 파급력은 실로 대단하다. 그 결과 부동산 가격에서도 큰 차이를 보인다. 인천시청역 대장주 아파트라고 불리는 간석 래미안 자이, 구월 힐스테이트, 롯데캐슬골드 2단지 등을 살펴보면 40평대 기준 8억 원대로 15~25억 원을 훌쩍 넘는 인천대입구역과 큰 차이를 보인다는 것을 알 수 있다.

자료 1-62. 인천시청역 환승센터 조감도 및 환승체계

출처 : 국토교통부

– GTX 환승센터(부평역, 인천시청역) 타당성평가 및 기본계획용역 –

과 업 내 용 서

인천도시공사

출처 : 인천시청 홈페이지

　　GTX-B노선은 민자·재정 구간이 2024년 상반기에 동시 조기 착공할 예정으로, 민자 구간은 인천대입구~용산, 상봉~마석 62.8km, 재정 구간은 용산~상봉 19.9km로 진행된다.

　　GTX-B 인천시청역 환승센터는 국토교통부 공모에서 우수작으로 선정된 바 있다. 인천시청역 환승센터는 인천지하철 1·2호선이 교차하는 지점인 중앙공원 내에 위치할 예정이며, 인천지하철, 수도권 전철, 시내버스, 택시 및 PM(개인용 이동 수단) 등 시내 교통체계가 GTX-B 환승센터 내부와 연계되어 앞으로 트리플 환승역으로서 지역 성장 동력에 큰 발판이 될 것으로 보인다.

8. 부평역 환승센터(GTX-B)

위치	인천광역시 부평구 부평동 738-21
연계 교통	수도권 1호선, 인천1호선, 버스 39개 노선(광역 4)/장래 GTX-B
사업 내용	역 주변에 산발적으로 위치한 버스정류장을 부평광장에 집중하고 지하상가와 연계해 환승편의 제고 및 지역경제 활성화
사업 기간	2022년~2030년
총 사업비	267억 원

자료 1-64. 인천광역시 부평구 부평동 738-21

출처 : 카카오맵 위성지도

인천광역시의 북동부에 위치한 자치구로서, 인구가 2010년 567,493명 최대치 이후, 지속적인 인구 감소로 남동구와 서구에 추월당해 2023년 11월 기준 490,899명에 그쳤다. 동으로는 경기도 부천시, 서로는 인천광역시 서구, 남으로는 인천광역시 남동구, 북으로는 인천광역시 계양구에 접한다. 부천시와 상당히 많은 면적이 연접되어 있어 이번 부천대장신도시, 인천계양신도시와 같이 연계한 개발이 많다. 한때 행정구역 개편 차원으로 계양구와 부천시를 통합해 부평시로 통합하는 방안이 이야기되기는 했으나, 부평이라는 이름의 인지도가 높고, 서울의 강남, 여의도와 같이 인천의 부평은 지역적으로 독립성을 갖기에 현재 사용되는 부평구의 이름을 그대로 사용하기로 했다. 과거 1914년에 부천군 부내면으로 편입됐다가 1940년에 들어서 인천부에 편입됐으며, 1970년대 이후 산업 발달의 가속화와 대단위 아파트단지 조성으로 급격히 팽창·발전해 1988년에 서구를, 1995년에 계양구를 각각 분리시키고 1995년 3월 1일에 구 명칭을 북구에서 부평구로 변경해 오늘에 이르는 유서 깊은 지역이다. 오래된 역사를 가진 지역인 만큼 인프라 면에서는 다소 부족하다. 여타 신도시와 달리 길에 전신주가 많아 조금 어수선하며, 녹지 비율도 부천시보다 조금 높을 뿐이지 최근 개발 중인 3기 신도시의 40%대 녹지 비율에 비하면 25%로 턱없이 부족하다. 부평구에서 가장 큰 행사는 '부평 풍물 대축제'로 1997년부터 1년에 한 번씩 열리고 있으며, 부평대로를 중심으로 부평역 앞 소방서부터 부평시장역 한화생명까지 교통이 통제된다. 부평구의 개발이 어려운 이유 중 하나는 군부대가 많기 때문이다. 부평구 내 육군 제17보병사단 및 제3군수지원사령부, 수도군단 예하 직할대대와 수도방위 사령부 예하 직할대대가 여럿 주둔하고 있다. 뿐만 아니라 주한미군 캠프마켓도 백운역 인근에 주둔하고 있다.

최초 국비 267억 원을 투입해 추진하려던 부평역 GTX-B노선

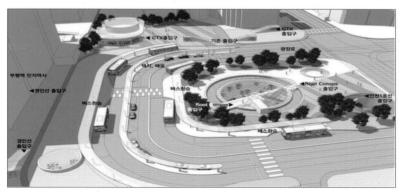

출처 : 인천시청 홈페이지

복합환승센터는 한국교통연구원의 광역교통 수요가 충분하지 않다는 분석으로 최근 국비 확보에 실패해서 전액 시비 편성 후 사업 추진을 검토하고 있다. 부평구청 홈페이지에서 부평역 환승센터에 대한 자세한 추진 실적 및 사업 개요 등을 검토할 수 있다. 대중교통 연계 수송형 환승센터 설치(지하철, 국철, 시내버스 환승), 대지 면적 $18,000㎡$, 연면적 $9,970㎡$, 지하 1층~지상 1층으로 구성될 예정으로 여타 다른 환승센터 및 복합환승센터보다는 작은 규모에 적은 예산이 투입될 예정이다.

부평역 인근 아파트 시장은 GTX-B노선이 들어가는 인천대입구, 인천시청에 비해 많이 떨어지는 모습이다. 부평역 한라비발디 트레비앙 115C/84㎡가 6억 5,000만 원으로 가장 고가이며, 대부분 30평대 기준 3~4억 원으로 GTX가 들어가는 다른 지역 부동산과는 조금 다른 분위기다. 그러나 오래된 건축물들이 부평역 주변으로 많아 GTX가 들어가면 크게 될 만한 입지 좋은 토지는 지속적으로 관심을 가지고 눈여겨볼 만하다.

9. 부천종합운동장역 환승센터(GTX-B)

위치	경기도 부천시 여월동 산 37-9
연계 교통	7호선, 서해선, S-BRT, 버스 14개 노선(광역 1)/장래 GTX-B, D
사업 내용	역세권 개발사업 등과 연계해 GB부지에 지하 환승센터를 건설하고, 스마트 EV 설치 등 수직 환승체계 구축
사업 기간	2021년~2030년
총 사업비	1,463억 원(광역교통 개선 대책과 연계해 총 사업비 변동 가능)

자료 1-66. 경기도 부천시 여월동 산 37-9

출처 : 카카오맵 위성지도

부천종합운동장역 인근 부동산은 앞으로 최고의 교통편 확보 및 인프라 구축으로 인해 부천시 내에서 가장 비싸질 것으로 전망된다. 2012년도 7호선 개통 이후 2016년 10,830명으로 일평균 최고 탑승객 수를 달성했으나, 이후 점차 줄어드는 분위기였다. 그러나 서해선이라고 불리는 소사원시선이 2018년 6월에 개통됨에 따라 2개 노선이 교차되는 환승센터로 바뀌며 이용객이 늘어나는 추세다. 더욱이 서해선은 경의중앙선, 1호선, 3호선, 4호선, 5호선, 9호선, 공항철도, 김포도시철도, 수인분당선 등과 연결되며, 특히 2023년 8월 26일 대곡소사선의 개통으로 인해 김포공항, 일산 등으로 이동하는 이용객이 크게 늘고 있다. 더 나아가 2024년 서해선 복선전철, 2026년 신안산선 등과 연결되면 경기도 화성, 평택, 충남 당진, 홍성 등 고속철도를 타고 이동할 수 있어 앞으로 이용객이 더 크게 늘어날 전망이다.

자료 1-67. 서해선 복선전철-소사원시선-대곡소사선-신안산선 노선도

출처 : 충남도청 홈페이지

오늘날 GTX 역사가 2개 교차되는 곳은 GTX 트라이앵글로 불리는 서울역, 청량리역, 삼성역이 유일했다. 그러나 지난 2021년 6월 제4차 철도망계획 GTX-D노선이 김포장기역~부천종합운동장역(일명 김부선)으로 신설 확정되며, 경기권에서 유일하게 GTX 노선을 2개 보유한 역사가 됐다. 이처럼 앞으로 부천 교통의 중심 역할을 할 부천종합운동장역 인근 분위기 또한 활발하다.

자료 1-68. GTX 노선도

출처 : 국토교통부

일대 그린벨트를 대거 해제해 종합운동장 역세권 융복합개발이라는 이름으로 개발에 박차를 가하고 있다. 춘의동 8번지 일원(구 여월정수장 부지, 종합운동장 일원) 49만 847㎡ 1,533세대(분양 540, 임대 993)를 개발하는 사업으로 R&D 종합센터, 스포츠 및 문화시설, 주거시설, 전략산업 등이 들어갈 예정이다.

자료 1-69. 종합운동장 일원 역세권 융복합개발

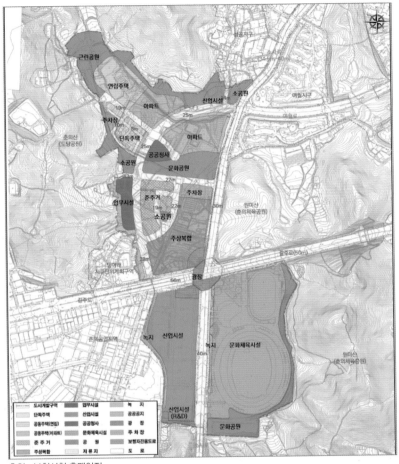

출처 : 부천시청 홈페이지

그러나 최근 부천시에서는 종합운동장 일원 역세권 융복합개발 전 몇 가지 문제가 발생하고 있다. 부천운동장 역세권 대책위원회는 LH가 도시개발사업 과정에서 멸종 위기종인 맹꽁이 서식지를 훼손하고, 매장 문화재 관리 및 보존계획 수립 없이 사업에 착수했다고 주장하는가 하면, 성급하게 사업 인정을 고시해놓고 5년

이 지나서야 토지 보상을 지연시켜 재산 피해를 발생시켰으며, 심지어 지장물 세부 목록이 빠진 개발계획을 수용해서 사업 인정을 고시하는 등의 행정 절차 실수로 인해 소송 중이다.

이토록 부천에서 가장 뜨거운 부동산 시장인 부천종합운동장역 인근 주택은 언제나 이슈다. 일대 대장주 아파트로 불리는 여월휴먼시아 5단지 149B/122㎡는 2020년 5월 기준 8억 500만 원의 실거래 이후 2024년 1월까지 거래가 매우 적으며, 12억 원이 훌쩍 넘는 호가를 유지하고 있다. 여월휴먼시아 4단지 113A/84㎡ 같은 경우 21년 7월 9억 원을 기록했다. 일대 4~6억 원 선인 비슷한 조건의 매물에 비해 현저히 높은 가격을 보이며, GTX 등 최고의 노선이 들어감에 따라 더 큰 폭으로 오를 만한 여지는 충분히 있기에 관심을 가져봐야 할 곳임에 틀림없다.

10. 덕정역 환승센터(GTX-C)

위치	경기도 양주시 덕정동 350-14번지
연계 교통	1호선, 버스 24개 노선(광역 4)/장래 GTX-C노선
사업 내용	GTX-C 기·종점 위치, 포천, 동두천 등 배후 인구 등 지역 특징을 고려한 환승주차장 등 환승센터 구축
사업 기간	2024년~2027년
총 사업비	300억 원(광역교통 개선 대책과 연계해 총 사업비 변동 가능)

자료 1-70. 경기도 양주시 덕정동 350-14

출처 : 카카오맵 위성지도

경기도 양주시 덕정동은 단언컨대 GTX노선이 들어가는 곳 중 가장 저평가된 곳으로 앞으로 미래 가치가 매우 높다.

덕정역은 1호선 라인으로서 1911년 10월 경원선의 주요 역사로 처음 영업을 시작했다. 당시 경원선이 연천역까지 우선 개통될 때 같이 개통된 유서 깊은 역으로 양주군 시절 회천읍에 속했다. 이후 의정부시 및 동두천시 분리 승격 후 양주군(양주시)의 실질적인 중심역이 됐다.

자료 1-71. 1911년 덕정역(좌), 1999년 덕정역(우)

출처 : ilovetrain

오늘날 덕정역은 출입구가 동쪽 방향 1번 출구 한 개뿐이다. 이유는 승강장 맞은편에는 2군지사 96정비대대와 16보급대대가 위치하기 때문이며, 해당 부대는 철도길을 통해 군수물자를 지원받아 보급하는 부대였으나, 앞으로 GTX-C노선이 들어서며 이전이 확정됐다. GTX-C노선은 최초 의정부역~금정역까지로 계획된 사업이었으나, 예비 타당성 평가 중 경제적 타당성(B/C)이 0.66으로 낮게 나와 국토교통부는 사업타당성을 높이기 위해서 양주신도시 및 수원역 연장안을 기획재정부에 통보했다. 덕정역은 양주신도시 회천 택지 개발부지와 연접해 있으며, 오늘날 16보급대대가 위치한 양주시 덕정동 393번지 일원을 종점으로 예비 선로가

자료 1-72. GTX-C 덕정차량기지, 덕정역 배치도

▲ GTX-C 덕정차량기지

▲ 덕정차량기지

◀ GTX-C 덕정역 배치도

출처 : 환경영향평가정보지원시스템

충분하다고 판단하고, 양주시 북부에 위치한 행정구역인 동두천, 연천, 포천 등의 인구까지 고려해 양주 덕정역까지 연장이 확정됐다. 2019년부터 양주시는 광역복합환승센터 건립을 추진 중이며, 2026년 완공을 목표로 한다.

앞으로 GTX 덕정역 인근 부동산 시장이 크게 변화되며 상승할 것이라고 예상해볼 수 있는 것은 양주시 인구수가 크게 늘고 있다는 점 때문이다. 천하의 좋은 부동산도 사람이 없으면 가치가 없으며, 쓸모없이 버려진 땅이라고 하더라도 사람의 발길이 닿기 시

자료 1-73. 양주시 인구수

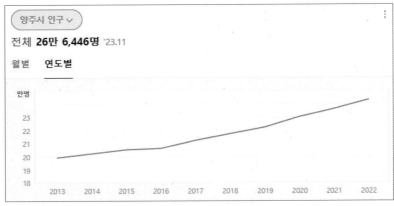

출처 : 행정안전부, 주민등록인구현황

작하면 변화되고 높은 가격으로 상승된다. 오늘날 양주시는 10년 연속 인구가 증가한 몇 안 되는 도시다. 통계청이 발표한 출생 통계자료에 따르면, 지난해 우리나라 합계 출산율은 0.78명으로 집계됐다. 1970년 통계 작성 이래 역대 최저치다. 연간 출생아 수 역시 25만 명 밑으로 떨어졌고, 올해 합계 출산율이 처음으로 0.6명 대에 진입할 수 있다는 전망이 나오고 있다. 이렇게 전국에 사람이 없어 안달이지만 양주시는 위의 인구 증가 그래프와 같이 이야기가 조금 다르다. 양주시의 인구 증가 비결은 단연 신도시 개발이다. 옥정신도시(옥정, 회천) 등 약 1천 117만㎡ 규모에 달하는 2기 신도시로서 수도권 동북부 최대 규모를 자랑한다. 양주 옥정지구 수용 인구는 160,000명, 41,481세대로 회천지구가 한창 개발 중인 것을 감안하면 인구는 계속 늘어날 전망이다.

오늘날 양주 옥정신도시는 7호선 연장으로 2027년 도봉산~양주까지 완공 예정이며, 중심상업지구인 옥정~포천까지는 2029

년 완공을 목표로 하기에 2028년 목표인 GTX역보다 조금 늦어지는 분위기다. 따라서 의정부보다 북쪽에 위치한 행정구역인 양주(26만 6,000명), 포천(14만 3,000명), 동두천(8만 9,000명), 연천(4만 1,000명) 등 많은 거주자들이 서울을 가는 가장 빠른 방법으로 덕정역을 선택하게 될 것이다. 다시 말하지만 인구가 몰리는 곳은 자연스럽게 부동산 가치가 올라가며, 역사 인근 토지의 가치도 크게 상승한다. 오늘날 덕정역 출입구 앞쪽은 광역급행철도가 들어가는 곳이라고는 상상하기 어려울 정도로 많이 노후화되어 있으며, 난개발의 끝판왕을 보여준다. 이곳들이 앞으로 어떻게 멋진 모습으

자료 1-74. 양주 옥정신도시 토지이용계획

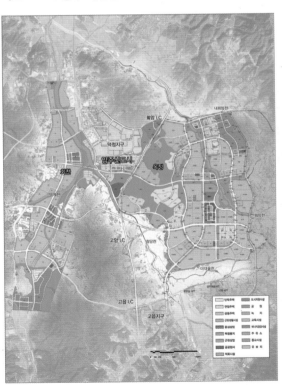

출처 : 양주시청 홈페이지

로 변화될지 반드시 지켜볼 필요가 있다. 양주시의 최대 단점은 일자리가 부족해서 서울 등 타 지역으로 출퇴근하는 인구가 많다 보니 모든 지자체가 원하는 자족도시의 기능을 실현할 수 없었다는 것이다. 그러나 양주 회천에 첨단산업단지 103,696㎡가 조성 중이며, 이곳에는 지식문화 및 정보통신 산업 등이 들어갈 예정이다. 뿐만 아니라 양주역 앞에 218,105㎡ 면적의 양주 테크노밸리 등도 계획 중으로 지난 2023년 4월 산업단지 계획변경 승인고시가 난 상태다.

기존에는 덕정역에 1호선 및 버스 등을 이용해서 이동했다면, 앞으로 GTX-C노선뿐 아니라 7호선의 연장 가능성도 내비치고 있다. 옥정-포천 노선과 덕정역 연결 철도 등을 포함한 2차 연구용역 결과를 검토해 국토교통부에 사전 협의를 신청했다. 국토교통부 사전 협의 이후 2024년 10월 중 공청회를 거쳐 도의회 보고를 이어갈 계획이다. 경제성 분석에 따라 비용-편익비(BC Ratio)가 0.7 이상인 경우 등에 대해 사전 협의를 신청할 수 있다. 옥정-포천 철도 노선과 덕정역이 연결되면 경기 북부 지역 주민이 지하철 1호선과 GTX-C노선을 이용하기가 수월해지는 것이다. 뿐만 아니라 지난 2023년 12월 16일 소요산까지 운행 중이던 1호선을 4,944억 원의 예산을 들여 연천까지 연장 완료했고, 그 결과 연천, 철원 등 인천 서구에서 근무 중인 많은 군 장병들이 보다 편리하게 덕정역을 이용할 수 있게 됐다.

양주 옥정신도시는 7호선 연장과 중심 상업지구가 위치한 일대에서 부동산 거래가 가장 활발하다. e편한세상 옥정어반센트럴은 112.12/84.97㎡ 기준 2021년 7월 6억 2,000만 원 최고가 거래 이후 오늘날 4~5억 원대로 가격이 떨어졌으며, 덕정역 인근 신축 아

자료 1-75. 1호선 연천 연장 발표

국토교통부   보도자료   다시 대한민국!
새로운 국민의 나라

보도시점 : 2023. 12. 14.(목) 11:00 이후(12. 15.(금) 조간) / 배포 : 2023. 12. 14.(목)

연천에서 서울·인천까지
1호선 타고 한 번에 간다
- 16일 경원선(동두천-연천) 20.9km 개통…전 구간 전철화로 친환경 교통 서비스 확대

□ 국토교통부(장관 원희룡)와 국가철도공단(이사장 김한영)은 **경원선 동두천~연천 철도 건설사업을 완료**하고 12월 16일(토)부터 운행을 시작한다고 밝혔다.

○ 이에 따라 **연천역에서 용산역·인천역까지 1호선 수도권 전동차가 운행** 되어 수도권 경기북부 지역의 접근성이 크게 향상될 것으로 기대된다.

□ **경원선 동두천~연천 철도건설사업**은 동두천시 소요산역에서 연천역까지 비전철 디젤열차가 오가던 **20.9km 구간을 노선신설과 함께 전철화하는 사업**으로, **4,944억원의 사업비를 투입**하였다.

출처 : 국토교통부

파트는 양주서희스타힐스 단지로 111.39/84.95㎡ 기준 2021년 5월 5일 5억 1,700만 원 최고 가격 이후 하락 중이며, 오늘날 3억 원 중반으로 GTX 역세권 중 가장 저렴한 가격대를 보이고 있다. 이뿐 아니라 덕정역 1번 출구 앞 빌라 및 토지는 GTX-C 덕정역 환승센터의 파급력을 생각해볼 때 오늘날 매우 저평가된 곳으로서 앞으로 주목해볼 만한 곳임에 틀림없다.

11. 의정부역 환승센터(GTX-C)

위치	경기도 의정부시 의정부동 161-11
연계 교통	1호선, 의정부경전철, 버스 13개 노선(광역 4)/장래 GTX-C
사업 내용	경기 북부의 대중교통, 승용차 환승을 위한 환승센터를 구축하고, 시민 휴게 공간(근린공원) 등 보행자 중심의 환승체계 마련
사업 기간	2021년~2027년
총 사업비	448억 원

자료 1-76. 경기도 의정부시 의정부동 161-11

출처 : 카카오맵 위성지도

경기도 북부에 위치한 지자체로, 동북쪽으로는 포천시, 북서쪽으로는 양주시, 남쪽으로는 서울 노원구와 도봉구에 연접되어 있다. 의정부(議政府)라는 이름은 1912년 문헌에 등장하는데 그해 5월 28일 공포된 지방행정구역 명칭 일람 경기도 편에 의하면 양주군 둔야면 의정부리라 칭했고, 1942년까지 양주군 의정부읍에 속했다가 1963년 의정부시로 승격됐다. 의정부는 2023년 11월 기준 464,644명으로 꾸준한 인구 증가 추세를 보이나 경기 북부 최대 도시에 걸맞지 않게 산업시설이 빈약한 편이다. 그나마 경기도청 북부청사 등 경기도 북부 관련 공공기관 및 용현산업단지를 제외하면 크게 일자리라고 할 만한 시설이 없어 베드타운이라 부른다. 경기 북부에 미군부대를 비롯한 5군수지원여단본부, 제1군수지원사령부 예하 제7군수지원단 및 기타 많은 국군장병들의 위수지역이 의정부까지며, 주말이면 의정부역 신세계 백화점 일대는 항상 붐비는 모습이다.

자료 1-77. 의정부시 인구수

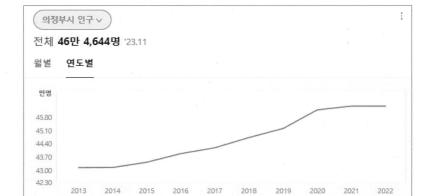

출처 : 행정안전부, 주민등록인구현황

의정부시 하면 떠오르는 유명한 먹거리로는 단연 의정부 부대찌개를 꼽을 수 있다. 306보충대대 해체 전까지만 해도 입영 장병들이 가족들과 의정부 부대찌개 골목에서 식사 후 들어가는 등 상권이 활발했으나, 306보충대가 사라지며 이마저도 시들해진 분위기다. 오늘날 의정부시에는 기존 1호선과 2012년 7월 개통한 의정부 경전철이 전부다. 특히 의정부 경전철은 수도권에서 최초로 개통된 경전철 노선이다.

자료 1-78. 2012년 7월 의정부 경전철 개통식

출처 : 의정부시청 홈페이지

의정부 경전철은 2015년까지 10만~15만 탑승객은 충분히 넘을 수 있다는 예측으로 사업을 시작했으나, 2018년 기준 탑승객 4만 2,000명으로 수요 예측을 잘못한 결과 의정부 경전철 주식회사는 2017년 5월 26일 파산 선고를 받았고, 오늘날 의정부시가 직접 운영 중이다.

의정부역은 오랜 역사를 지니고 있다. 국가철도공단 공식 소개 문구에 따르면 의정부역은 경원선의 기차역이자 옛 서울교외선의 종착역으로 1911년 10월 15일 보통역으로 영업을 시작했다. 그러나 현재는 2004년 교외선 열차의 영업 중지에 이어 경원선 통근 열차가 동두천역에서 시·종착을 하는 것으로 변경되면서 일부 전동차만 의정부역에 종착하고 있다. 1970년대 옛 역사는 삼각 박공지붕으로 전형적인 모습을 하고 있었지만, 1986년 9월 2일 수도권 전철 1호선 운행 개시와 함께 현대식 역사로 신축됐다. 현재의 역사는 2012년에 지어진 것으로서 지하 2층, 지상 5층 규모의 민자 역사다. 특히 지하상가 및 신세계백화점과 연결되어 있어 오늘날 지역 쇼핑의 주요 메카로서 그 역할을 톡톡히 하고 있다.

자료 1-79. 1960년대~2012년까지의 의정부역

1960년대

1970년대

1980년대

2012년

출처 : 의정부시청 홈페이지

2004년 영업 중지에 들어간 교외선은 다시 부활할 예정이다. 경기 고양시에서 양주시를 거쳐 의정부시까지 경기 북부를 동-서로 연결하는 추억의 교외선은 2024년 말 운행을 재개할 전망이다. 교외선은 고양 능곡에서 의정부까지 32.1km를 단선으로 경기도, 고양·양주·의정부시, 국가철도공단, 한국철도공사가 협약을 체결하고, 약 500억 원을 들여 낡은 시설을 개량해 운행을 재개하기로 했다.

자료 1-80. 교외선 노선도

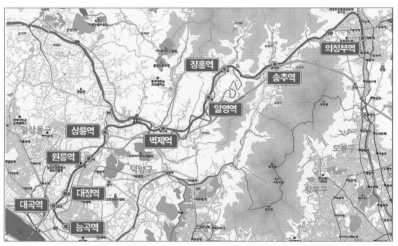

출처 : 의정부시청 홈페이지

현재 1호선, 교외선, 의정부 경천철 등 트리플 역세권인 의정부역은 GTX-C노선 및 환승센터가 들어가며 그 가치가 더해질 전망이다.

GTX-C노선은 양주 덕정역부터 수원역까지 총연장 86.46km에 14개 정거장을 건설하는 광역급행철도 사업으로 의정부시 구

자료 1-81. GTX노선도

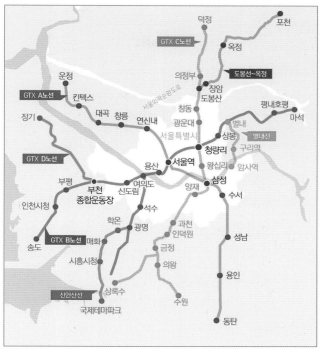

출처 : 국토교통부

간은 의정부역에서 정차한다. 당초 수원 금정역에서 의정부까지로 계획됐으나 예비타당성 부족으로 북으로는 양주시 덕정역까지, 남으로는 수원역과 상록수역까지 연장하는 것으로 확정됐다. 앞으로 2028년에 GTX-C노선이 개통되면 의정부역에서 강남 삼성역까지 16분 만에 이동할 수 있기 때문에, 사실상 강남 생활권이라고 해도 과언이 아니다. 의정부역 환승센터는 의정부역 동측의 시유지를 활용한 환승센터 구축을 통해 GTX와 버스를 연계하고, 기존 1호선~경전철과의 보행동선 정비를 통해 편의를 증진시킬 예정이다.

자료 1-82. 환승체계(좌), 조감도(우)

출처 : 국토교통부

    인근 주택 시장도 뜨겁다. 의정부역 대장주 아파트라고 불리는 의정부역센트럴자이&위브캐슬은 129.24/98.78㎡ 기준 2020년 8억 3,000만 원에 거래된 이후 매매가 없으며, 현재 시세는 11억 원대로 GTX-C노선 북쪽으로 한 정거장 차이인 덕정역에 비해 약 2배가량 비싼 모습을 보인다. 의정부역 일대는 아직까지 오랜 구축 건물들이 많아 앞으로 재개발 등 큰 변화가 예상되는 지역이므로 반드시 관심을 가져야 하는 곳임에 틀림없다.

12. 금정역 복합환승센터(GTX-C)

위치	경기도 군포시 산본동 103-24(금정역 삼거리)
연계 교통	1호선, 4호선, 버스 34개 노선(광역 2)/장래 GTX-C
사업 내용	GTX 통합역사와 연계해 버스정류장, 보행테크 설치 등 복합환승센터를 구축함으로써 이용 혼잡 해소 등 환승 편의 제공
사업 기간	2019년~2029년
총 사업비	1,868억 원

자료 1-83. 경기도 군포시 산본동 103-24

출처 : 카카오맵 위성지도

군포시는 경기도 서남부에 위치한 시로, 동쪽으로는 의왕시, 서남쪽으로는 안산시, 북쪽으로는 안양시와 접해 있다. 1699년 이전부터 군포라는 이름이 쓰였으며 '군포(軍浦)'라는 한자어와 관련되어 전해져 내려오는 순우리말이 없어 지명 유래에 대한 다양한 설이 있다. 군포 산본신도시의 산본이라는 이름은 '산 밑에 있는 마을'이라는 뜻으로 노태우 정부 시절 집값 안정과 주택난 해결을 위해 1기 신도시로 만들어졌다. 1기 신도시는 서울 근교 20km 거리 이내의 지역에 조성한 신도시로, 단기간 대규모 개발을 통한 주택 시장 안정화, 주거 환경의 질적 향상, 간선시설 확충을 통한 서울 혼잡도 감소에 기여했으나, 단점으로는 업무시설이 부족해 자족 기능이 미흡했다는 평이다. 군포시는 1기 산본신도시의 개발로 인구가 급속히 늘어났으며, 1994년 편입된 대야미역 주변 지역을 제외하면 새로 개발할 땅이 없어 2014년 288,408명이라는 최대 인구수를 기록한 이후 2023년 11월 기준 261,898명으로 감소하는 추세다.

자료 1-84. 군포시 인구수

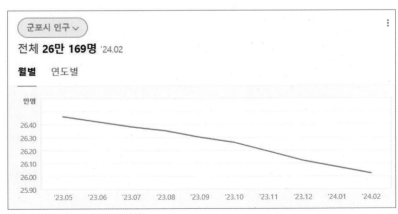

출처 : 행정안전부, 주민등록인구현황

금정역 기준 우측은 일반 공업단지, 좌측은 상업 및 주거시설로 구성되어 있다. 군포시는 금속가공제품을 중심으로 한 제조업과 도매 및 소매업이 주력 산업으로 분석되고 있다. 그러나 1~50인 내외의 중소기업이 대부분으로써 이들의 질적 성장을 위한 지원정책 마련이 필요한 상황이며, 제조업, 도소매업에 치중되어 있어 대기업 및 국가산업단지 유치 등에 노력을 기울일 필요가 있다.

자료 1-85. 군포시 종사자 규모별 사업체 수, 종사자 수

(단위 : 개, 명)

년 도 구 분	2017년 사업체수	2017년 종사자수	2018년 사업체수	2018년 종사자수	2019년 사업체수	2019년 종사자수	2020년 사업체수	2020년 종사자수
총 계	17,286	103,134	17,736	108,524	17,973	110,548	26,142	112,854
1 ~ 4명	12,834	24,980	12,901	24,884	12,996	24,497	21,651	32,501
5 ~ 9명	2,635	17,031	2,887	18,825	2,978	19,052	2,647	17,177
10 ~ 19명	1,033	13,650	1,096	14,410	1,142	14,805	1,054	13,755
20 ~ 49명	519	15,605	573	17,026	575	16,707	534	15,821
50 ~ 99명	179	11,865	188	12,669	183	12,413	164	11,502
100 ~ 299명	73	11,426	78	11,967	85	13,486	79	12,637
300 ~ 499명	6	2,229	5	1,853	4	1,564	5	2,261
500 ~ 999명	5	3,713	6	4,150	8	5,414	6	4,374
1,000명 이상	2	2,635	2	2,740	2	2,610	2	2,826

출처 : 군포시청 홈페이지

자료 1-86. 군포시 주력 산업별 사업체 수, 종사자 수

년 도 구 분	2017년 사업체수	2017년 종사자수	2018년 사업체수	2018년 종사자수	2019년 사업체수	2019년 종사자수	2020년 사업체수	2020년 종사자수
총 계	17,286	103,134	17,736	108,524	17,973	110,548	26,142	112,854
농업, 임업 및 어업	–	–	2	10	2	4	7	9
광 업	–	–	–	–	–	–	–	–
제 조 업	3,078	28,186	3,125	28,265	3,037	27,919	3,875	29,314
전기, 가스,증기 및 공기조절 공급업	3	152	3	146	5	159	13	116
수도 하수 및 폐물 처리, 원료 재생업	34	369	35	368	42	388	52	487
건 설 업	586	5,023	601	5,753	616	5,847	1,649	6,963

도매 및 소매업	3,375	12,545	3,389	12,759	3,367	12,628	5,811	14,570
운수 및 창고업	1,686	9,298	1,876	9,972	2,089	10,388	3,541	10,998
숙박 및 음식점업	2,703	8,633	2,725	9,282	2,753	9,381	2,984	7,801
정보통신업	138	1,199	139	1,297	138	1,258	523	1,621
금융 및 보험업	94	966	95	914	97	892	116	778
부동산업	742	2,310	788	2,511	800	2,578	1,192	2,883
전문, 과학 및 기술 서비스업	440	4,128	468	4,184	476	4,493	882	4,700
사업시설 관리, 사업 지원 및 임대 서비스업	275	6,431	290	7,511	285	7,195	697	6,592
공공행정, 국방 및 사회보장행정	27	1,768	27	1,613	28	1,647	27	1,735
교육 서비스업	1,072	8,080	1,079	8,608	1,077	8,747	1,293	7,739
보건업 및 사회복지 서비스업	765	8,212	774	9,177	783	10,123	779	10,176
예술, 스포츠 및 여가관련 서비스업	541	2,012	554	2,147	572	2,248	648	1,955
협회 및 단체, 수리 및 기타 개인 서비스업	1,727	3,822	1,766	4,007	1,806	4,653	2,053	4,417

출처 : 군포시청 홈페이지

더불어 젊은 인력들이 외부로 유출되며, 여성 경제활동 참가율이 저조하고, 고령화에 따른 성장 기반이 약화되고 있어 골든타임을 놓치지 않도록 지자체의 노력이 필요한 상황이다.

이러한 금정역에 14,612㎡의 복합환승센터 랜드마크 구축으로 새바람이 일어날 전망이다. 오늘날 금정역은 수도권 전철 1, 4호선이 운행 중으로 남부 역사와 북부 역사 두 건물이 약 70m 거리를 두고 떨어져 있어 이용객들의 불편이 크다. 향후 급행전철 및 GTX-C노선 정차에 따른 교통 수요를 대비해서 금정역 주변 교통수단 간 원활한 교통 연계 및 환승체계를 구축하고, 노후화된 금정역사를 새롭게 정비해서 금정역을 이용하는 군포시민의 교통 편의를 개선하며, 교통 중심지로서 환승지원시설(문화·업무·상업·숙박 등)을 계획 중이다.

출처 : 군포시청 홈페이지

GTX 등의 효과로 일대 부동산 가격도 상당하다. 힐스테이트 금정역 주상복합은 주변에서 가장 높은 가격의 주거시설로 114.7/84.82㎡ 기준 지난 2020년 12월 12억 3,000만 원의 실거래가를 형성했고, 동일 면적 매물은 오늘날 14억 원의 가격대를 형성 중이다. 금정역 일원 대단지 래미안하이어스 113B/84㎡ 기준 2019년 7억 원이라는 실거래가를 기록했으나, 2021년 7월에는 12억 4,000만 원까지 큰 폭으로 오르는 모습을 보였으며, 이후 2023년에는 8~9억 원대의 가격을 유지하고 있다. 환승센터 및 복합환승센터 금정역, 반드시 관심을 가져야 하는 지역임에 틀림없다.

13. 수원역 복합환승센터(GTX-C)

위치	경기도 수원시 매산로1가 69-1
연계 교통	1호선, KTX, 수인분당선, 일반철도, 버스 102개 노선(광역 14)/장래 GTX-C, 수원발 KTX 직결사업
사업 내용	GTX 통합역사와 연계해 버스정류장, 보행테크 설치 등 복합환승센터를 구축함으로써 이용 혼잡 해소 등 환승 편의 제공
사업 기간	2021년~2025년
총 사업비	925억 원

자료 1-88. 경기도 수원시 매산로1가 69-1

출처 : 카카오맵 위성지도

2020년 12월 9일 인구 100만 이상 대도시에 '특례시' 명칭을 부여하는 지방자치법 전부개정안이 국회 본회의를 통과하면서, 수원, 고양, 용인, 창원 등 인구 100만 명 이상의 대도시가 2022년 1월 13일부터 특례시로 출범하게 됐다. 그중 수원특례시는 단연 가장 많은 인구가 거주하는 곳으로 2023년 11월 기준 119만 7,241명의 인구수를 보인다. 동으로는 용인시, 서로는 안산시, 남으로는 화성시, 북으로는 의왕시가 연접해 있다. 수원시는 우리나라 대표 자족도시로 행정, 경제 등 상당 부분 독립된 운영이 가능하고, 경제권역 및 상권 규모도 상당히 커서 서울로의 출퇴근 비율이 10% 미만이며, 고양시, 부천시, 안양시 등 서울로 출퇴근하는 인구가 많은 다른 도시들과 크게 비교된다.

자료 1-89. 경기도 인구수 중 수원시가 현재 1위(119만 7,241명이 거주 중임)

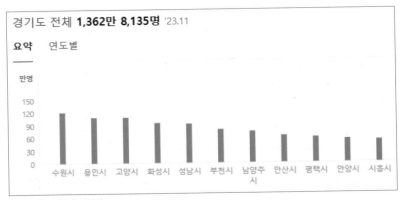

출처 : 군포시청 홈페이지

수원은 동수원과 서수원 간 개발 차이를 보인다. 동수원은 영통, 광교 등 대규모 택지지구가 조성된 반면, 서수원은 여전히 농지가 반 이상을 차지하고 있다. 하지만 이곳을 개발하기도 어려운 것이 대부분의 농지가 농촌진흥청 소유의 국유지이고, 제10전투비행단의 전투기가 이착륙하는 지역으로 고도제한이 걸려 있다. 수원비행장은 대한민국 국방부에서 이전하는 것을 목표로 추진 중이지만, 대체 후보지인 화성시와 협의가 쉽지 않은 상황이라서 장기적으로 시간이 걸릴 것 같다. 2010년대 들어 과거 허허벌판이었던 권선구 금곡동, 호매실동 일대의 농지에 수용 인구 55,000명의 대규모 택지 개발지구인 수원 호매실지구가 개발되면서 아파트 단지들이 초고속으로 속속 들어서고 있다. 호매실을 개발하면서 권선구의 인구가 영통구보다도 많아졌다.

2030 수원시 도시기본계획을 살펴보면 북수원, 서수원, 동수원, 화성, 남수원의 5개의 생활권으로 분류하고 있다. 수원시의 도시구조는 1도심, 5부도심, 1지역중심으로 설정되어 있다. 수원역~수원화성~수원시청으로 이어지는 도심과 정자동, 광교신도시, 영통동, 오목천동, 호매실지구로 구성된 5개의 부도심, 그리고 1개의 지역중심(수원비행장 이전 부지)으로 구성되어 있다.

수원시에서 대표적인 일자리 공업시설은 단연 삼성전자를 꼽는다. 규모가 매우 크고 수원을 자족도시로 만들어준 1번은 단연 삼성전자의 삼성디지털시티를 들 수 있다. 삼성전자 수원의 실적이 부진하면 수원시 세수가 크게 줄어 운영이 어렵다는 말이 있을 정도다. 영통구 랜드마크로 삼성전자 디지털 연구소 빌딩을 꼽을 만큼 수원에 없어서는 안 되는 중요한 기업임에 틀림없다. 많은 이들이 삼성전자 본사가 서울 서초동에 있는 것으로 알고 있으나, 경기도 수원시 영통구 삼성로 129(舊 매탄동 416번지)에 위치하며, 삼성전기 본사는 경기도 수원시 영통구 매영로 150(舊 매탄동 314번지), 삼성전자서비스의 본사는 경기도 수원시 영통구 삼성로 290(舊 원

천동 327번지)에 위치한다. 이 세 기업은 모두 삼성디지털시티 안에 위치하고 있다. 이 외에 수원델타플렉스와 광교테크노밸리 등이 일자리 타운이라고 할 수 있다. 이 밖에 정부 기관도 상당히 많다. 수원시 영통구 도청로 30번지에 위치한 경기도청을 비롯해 수원고등법원, 수원고등검찰청, 수원지방법원, 수원지방검찰청, 경기도교육청, 중부지방국세청, 경인지방병무청, 경인지방우정청, 경기남부보훈지청, 국토지리정보원, 대한민국 기상청, 상공회의소, 경기도소방재난본부, 경기지방중소벤처기업청, 경기도남부경찰청, 한국농어촌공사 등도 있어 경기도 1등 도시다운 면모를 보이고 있다.

수원시 남부지역 발전에 가장 걸림돌이 되는 것은 단연 권선구에 위치한 대한민국 공군 비행장인데, 현재 제10전투비행단과 미합중국 공군부대를 꼽을 수 있다. 지난 2015년 6월 국방부로부터 수원공군비행장 이전을 최종 승인받아 세류역세권 개발과 주거, 문화, 일자리, 병원 등으로 계획이 잡혔으나, 이전지로 지목된 화성시의 반대로 오늘날까지 어려움을 겪고 있다. 이 부분이 해결된다면 세류역 일대는 큰 변화가 있을 것으로 예상된다.

자료 1-90. 수원공항 위성사진(좌), 2015년 수원 공군비행장 도시개발계획(우)

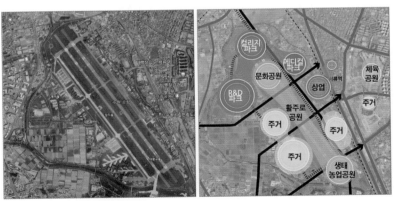

출처 : 구글어스, 수원시청 홈페이지

이와 같이 경기도 1등 자부심의 도시 수원에도 GTX-C노선 환승센터가 만들어진다. 수원역 환승센터는 국토교통부에서 실시한 GTX 시대에 대표로 랜드마크될 환승센터 10곳에도 선정될 만큼 기대가 크다. 수원역은 GTX-C, 경부선(KTX), 1호선, 분당선과 102개 버스 노선이 교차하는 경기 남부의 거점역으로, 수원시는 연결 통로 개설 및 확장을 통해 GTX와의 환승 동선 및 혼잡도를 개선하는 구상안을 제안했다. 또한, 동측 광장에 산재되어 있는 버스정류장을 역사 전면에 재배치해서 철도와 버스와의 환승 동

자료 1-91. GTX랜드마크 환승센터 수원역, 환승체계 및 조감도

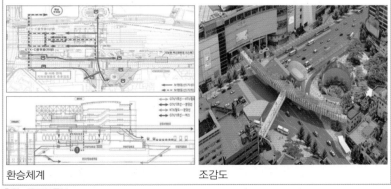

환승체계   조감도

출처 : 국토교통부

선을 획기적으로 개선하고, 섬처럼 위치해서 활용도가 낮았던 동측 광장을 재생해서 보행자 중심의 시민 휴게 공간으로 탈바꿈할 수 있도록 설계했다.

수원역 인근 부동산은 사실 위상에 비해 그다지 높은 가격은 아니며, 오히려 신분당선이 위치한 광교 일대 부동산 가격이 상당히 높은 편이다. 광교에서 가장 비싼 e편한세상 광교 241B/179m^2 기준 2021년 10월 실거래가가 21억 8,000만 원에 거래됐으며, 최근 매물은 40억 원대에 올라오고 있을 정도로 상당히 높은 가격이 형성 중이다. 반면 수원역 인근 매교역 푸르지오 SK뷰 115.84/84.97m^2 기준으로 지난 2021년 3월에 11억 3,750만 원까지 거래되던 매물이 2023년 11월 기준 9억 1,000만 원까지 떨어진 모습을 보이며, 일대에서 10억 원 이상 거래되는 매물은 찾아보기 어렵다. 그러나 2028년에 수원역 환승센터 GTX-C노선이 들어오면, 수원역에서 삼성역까지 1시간 25분 걸리던 시간이 27분대로 줄어들며 많은 인파가 몰릴 것으로 예상된다. 오늘날 경기도 최고 도시로 성장했지만 여전히 구도심의 오명으로 저평가된 수원역 인근 부동산은 앞으로 관심 가져볼 만한 곳임에 틀림없다.

14. 검암역 복합환승센터

위치	인천 서구 검암동 414-204(검암역세권 공공주택지구 內)
연계 교통	공항철도, 인천2호선, 버스 16개 노선
사업 내용	인천 검암역세권 공공주택지구 내 버스터미널 등 복합환승센터를 구축해 인천 서북부 교통 거점으로 조성
사업 기간	2021년~2027년
총 사업비	2,516억 원

자료 1-92. 인천 서구 검암동 414-204

출처 : 카카오맵 위성지도

　인천광역시 내에는 환승센터 및 복합환승센터가 총 3개 들어간다. 하나는 GTX-B노선과 인천1호선, 버스 11개 노선이 다니는 인천대입구역 환승센터(연수구 송도동 78-1번지)이며, 또 하나는 GTX-B노선과 인천1호선, 2호선, 버스 11개 노선이 있는 인천시 청역 환승센터(인천광역시 남동구 간석동 493-27)다. 지금부터 소개될 인천 검암역 복합환승센터는 인천광역시 내에 유일하게 GTX 노선이 들어오지 않음에도 복합환승센터로 지목된 곳으로서 반드시 주목해야 하는 곳이다. 인천 서구는 1988년 1월 1일 북구에서 분리되어 인천직할시 서구로 구분됐고, 동년 5월 1일 자치구로 승격(법률 제4004호)됐다. 이후 1995년 1월 1일 인천광역시 서구로(법률 제4789호), 동년 3월 1일 경기도 김포군 검단면 인천광역시 서구로 통합됐다(법률 제4802호).

자료 1-93. 인천 서구 행정동

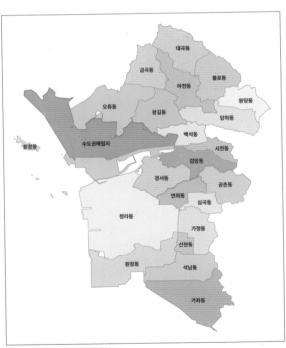

출처 : 인천 서구청 홈페이지

인천시 내에서 가장 큰 면적을 차지하는 인천 서구는 21개 법정동, 23개 행정동, 763개 통, 3,217개 반으로 구성되어 있으며, 이 중 우측 3시 방향에 위치한 검암동에 복합환승센터가 들어갈 예정이다.

인천 서구는 인천광역시 전체 인구의 약 21%, 면적은 11%를 차지하는 만큼 많은 인구가 거주 중이다. 인천 서구 인구수를 견인한 것은 청라, 검단, 루원 등 활발한 도시개발 덕이다. 인천광역시는 주민등록인구 기준 299만 명가량이 거주하는 대도시임에도 서울의 위성도시, 베드타운이라는 이미지가 강한 편이었으나, 제약 분야의 발달로 자족도시로 크게 성장하는 중이다.

자료 1-94. 인천광역시 인구수(위), 인천 서구 인구수(아래)

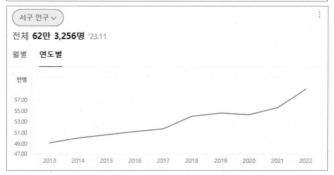

출처 : 행정안전부, 주민등록인구현황

검암역 환승센터는 검암역세권 공공주택 내에 위치한다. 검암역세권 공공주택지구는 2027년 준공을 목표로 총 면적 81만㎡(24만 5,000평), 공공주택 3,953호를 포함해서 주택 6,629호를 공급할 예정이다. 검암역세권 개발의 핵심은 역시 복합환승센터라고 할 수 있다. 복합환승센터는 광역도시 간 접근성이 양호하고, 공항철도, 인천2호선, 버스 16개, 도로의 교통시설이 교차·환승되는 교통의 요충지로 조성된다.

자료 1-95. 인천 검암역세권 공공주택지구 착공식(좌), 인천 검암역세권 토지이용계획도(우)

출처 : 인천시청 홈페이지

검암역세권 복합환승센터는 지난 2022년 8월 우선협상 대상자인 롯데건설 컨소시엄과의 계약을 통해 2028년까지 1조 5,000억 원을 들여 교통, 상업, 업무, 주거시설을 개발하기로 약속했다. 롯데건설 컨소시엄은 2024년 상반기 법인 설립과 토지 매매계약을 체결하고 2024년 하반기에 공사에 들어가 2028년에 완공하는 것을 목표로 하나, 변동되는 금리로 지속 여부는 지켜봐야 하는 상황이다.

자료 1-96. 인천 검암 플라시아 복합환승센터 조감도

출처 : 인천도시공사

검암역 일대에서 오늘날 가장 비싼 아파트는 서해그랑블이고, 검암역 1번 출구에서 도보 3분 거리로 매우 가깝다. 서해그랑블은 106.92/84.96㎡ 기준 2021년 11월에 6억 7,500만 원의 최고점 이후, 2023년 5월 동일 면적이 4억 6,000만 원까지 떨어졌으나 점차 상승으로 돌아서는 추세며, 오늘날 5~6억 원대 매물이 형성 중이다. 검암역에서 공항철도노선 2개 정거장, 12분만 이동하면 김포 공항역으로 그곳에서 환승을 통해 동서남북 어디든 편리하게 이동 가능하다. 앞으로 만들어질 검암역 복합환승센터는 미래에 반드시 주목해봐야 할 곳임에 틀림없다.

15. 구리역 환승센터

위치	경기도 구리시 인창동 316-62
연계 교통	8호선, 경의중앙선, 버스 24개 노선(광역 7)
사업 내용	경의중앙선과 8호선 별내선 환승역인 구리역에 택시, 버스정류장 등 환승센터를 구축해 환승 편의 제공
사업 기간	2022년~2026년
총 사업비	130억 원

자료 1-97. 구리시 인창동 316-62

출처 : 카카오맵 위성지도

경기도 동북부에 위치한 구리시는 동북쪽으로 남양주, 서쪽으로 중랑구와 광진구 광장동, 노원구, 남쪽으로 한강을 지나 서울시 강동구에 연접해 있어 '준서울'이라고 불린다. 특히 최근 구리시 아치울 마을은 현빈, 손예진, 박진영, 박해미, 오연서, 조성모 등 연예인들이 많이 사는 곳으로 유명하다.

자료 1-98. 구리시 인구수

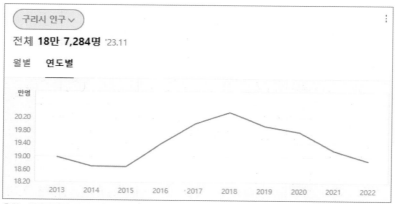

출처 : 행정안전부, 주민등록인구현황

구리시는 다른 도시에 비해 매우 작은 33.31㎢의 면적을 갖고 있으며, 인구수 또한 2018년 203,600명으로 최고를 찍고, 오늘날 187,284명으로 감소 추세인 도시다. 그러나 지난 2023년 11월 15일 전국 5개 소, 8만 호 사업 중 구리토평지구 교문동·수택동·아천동·토평동 일대 292만㎡(88만 평) 1.85만 호 개발이 확정되며 크게 인구가 늘어날 전망이다. 국토교통부는 서울과 가깝고 구리시민한강공원 바로 위쪽의 한강변이라 입지가 우수하다는 구리시의 입지 장점을 활용해서 주거 단지는 한강 조망으로 특화하고 수변 여가, 레저 공간을 활용할 수 있는 '리버프론트 시티

자료 1-99. 국토교통부 신규 택지 구리토평지구 발표

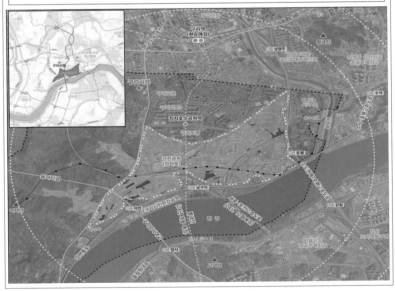

국토교통부　　　　　　보도자료　　　　다시 대한민국! 새로운 국민의 나라 뉴:홈 NEW HOME

보도시점 : 2023. 11. 15.(수) 10:00 (11. 15.(수) 석간) / 배포 : 23. 11. 15.(수)

전국 5곳에 8만호 규모의 신규택지 후보지 발표

- 「주택공급 활성화 방안(9.26)」 후속조치, 지속적 주택공급 기반 확충
- 구리·오산·용인 등 수도권 3곳(6.55만호), 청주·제주 등 비수도권 2곳(1.45만호)

□ 국토교통부(장관 원희룡)는 11월 15일 (수) 「주택공급 활성화 방안(9.26)」의 후속조치로 중장기 주택공급 기반 확충을 위해 주택수요가 풍부한 입지 중심으로 전국 5개 지구 8만호 규모의 신규택지 후보지를 발표하였다.

< 지구별 주요 교통대책 >

▶ (구리) 철도역(상봉·망우·장자호수공원) 연결 대중교통망 구축, 광역도로(강변북로, 세종포천고속도로) 연계 강화

▶ (오산) 오산역(GTX·KTX)·동탄역(GTX·SRT) 연계 대중교통 신설, 세교1·2 통합생활권 연결 순환 대중교통망 구축

▶ (용인) 동탄역(GTX·SRT) 연계 대중교통 신설, 세종-포천 고속도로 접근성 개선, 용인 내·외 산업단지를 연결하는 도로교통 강화

▶ (청주) 오송역·청주공항 연계 대중교통망 신설 청주1·2순환로 접근성 개선으로 도심내 이동시간 단축

▶ (제주) 제주공항·제주항 연결 대중교통망 신설로 광역접근성 개선, 道 내 원도심 대중교통망 개선

출처 : 국토교통부

(riverfront city)'로 만든다는 계획이다. 더불어 신규 택지 교통편으로 상봉역, 망우역, 장자호수공원역 등과 강변북로, 세종포천고속도로 등과 연계하게 되어 서울 근교 구리에 멋진 신도시가 만들어질 예정이다.

구리시는 남양주시와 뗄 수 없는 관계다. 과거 구리시는 양주군 구지면(현재의 갈매동을 제외한 구리시 전 지역), 남양주시의 미음면(독음면), 금촌면 지역이었고, 1980년대 초에는 남양주군 구리읍, 미금읍이었기에 뿌리는 남양주에 있다고 할 수 있다. 남양주와 구리는 친한 듯하면서 다소 불편한 관계다. 서로 같이 성장하고자 하는 마음은 있으나, 아직도 여전히 지역감정은 남아 있다. 구리시는 2023년 11월 15일 국토교통부에서 발표한 바와 같이 서울 주택 수요를 분산시키는 역할 그 이상 그 이하도 아니다. 대부분의 지자체는 특정 산업이나 기능을 중심으로 만든 자급자족형 복합도시, 즉 자족도시를 꿈꾸지만 구리시는 지리적 장점으로 준서울에 해당하기에 그러한 노력 없이도 꾸준한 수요를 불러왔다. 그나마 구리 갈매지역에 대규모 지식산업센터를 만든 것 말고는 특별한 일자리를 찾아보기 어렵다. 구리의 대표적인 상권은 역시 구리역 롯데백화점 인근을 꼽으며, 면적당 유흥업소 밀집도가 상당하다. 구리 롯데백화점은 1998년 최초에는 LG백화점으로 개업 후 2005년 GS그룹으로 넘어갔다가 2010년 롯데백화점 구리점으로 변경된 역사가 있다. 구리시는 도시 규모는 작으나 학군은 준서울, 준남양주라고 불린다. 부양초, 구리중, 구리고, 토평중, 토평고의 경우 좁은 길을 사이에 두고 서로 마주 보고 있어 구리시 수택3동 일대 학원사업은 언제나 인기가 좋다. 작은 도시에 비해 의료와 문화시설도 괜찮은 편이다. 2013년 1,030석 객석수

자료 1-100. 구리아트홀(좌), 한양대 구리병원(우)

출처 : 구리시청 홈페이지

를 자랑하는 구리문화예술회관(구리아트홀)과 1995년 597병상을 보유한 한양대학교 구리병원이 구리역 기준 서쪽 도보 20분 거리에 위치해 있다.

규모도 작고 서울과 연접된 도시인 만큼 언제나 서울 편입에 대한 이슈가 계속된다. 2023년 말 구리시가 시민들을 대상으로 설문조사한 결과 관심 1위(77.1%)로 '메가서울 프로젝트'를 꼽았다. 이는 서울 인근 경기권 도시 중 서울 편입이 가능한 도시를 나타내는 것으로 백경현 구리시장은 긴급 기자회견을 열고 "행정·재정 권한이 축소되지 않고 유지된 상태의 편입을 희망한다"며 동참 의지를 표했다. 2위는 토평2지구 공공주택지구 개발, 3위는 한강 33번째 다리 구리대교(명칭 미결정)로 나타나 서울 연접 도시이니 만큼 부동산과 밀접한 답변이 주를 이뤘다. 구리대교는 길이 1,725m, 폭 540m(6차로)의 다리로서 서울시 강동구 고덕동과 구리시 토평동을 잇는 세종포천고속도로 한강교량사업이며 개통일이 계속 미루어져 2024년 12월 개통 예정이다. 구리시와 서울을 잇는 최단 시간 다리로, 최근 JYP엔터테인먼트가 고덕동에 위치한 고덕비즈밸리부지 1만 675㎡를 755억 원에 낙찰받으며, 일대의 관심이 더해졌다. 그러나 아직 다리 명칭은 정해진 바 없다. 2023년 5월 서울시 지명위원회에서 교량 명칭이 '고덕대교'로 최종 원안 가결됐고 2023년 8월, 구리시 지명위원회에서는 세종~

자료 1-101. 8호선 조감도(위), 8호선 연장 노선도(아래)

출처 : 국토교통부

포천고속도로 한강 교량 '구리대교'로 최종 의결됐다. 오늘날 강동구는 '고덕대교'를, 구리시는 '구리대교'를 주장하며 팽팽히 맞서고 있다.

구리역은 지난 2019년 일평균 최고 탑승객 29,205명 이후, 2022년 탑승객 24,564명으로 점차 사용자가 줄어드는 모습을 보였으나, 2024년 6월 8호선 연장선(암사~구리)이 개통되며 이용객이 크게 늘어날 전망이다.

이처럼 준서울로 불리는 구리시 내에 앞으로 구리시 인구들을 빨아들일 교통 핵심시설인 구리역 환승센터가 들어선다. 구리역에 환승센터가 건립되는 명분은 명확하다. 경의중앙선 구리역, 지하철 8호선(별내선) 구리역, 노선버스, 택시 등 오늘날 구리시 내에서 가장 거점이 되는 지역이며, 특히 구리시와 남양주시 지역 신도시 개발, 토평동 스마트 그린시티사업 등 대규모 개발사업이 활발하게 진행되고 있어 현재보다 많은 인구가 집중될 것으로 보인다.

따라서 인창지하차도 철거부지와 경의중앙선 철도 선하부지 등을 활용해서 향후 지하철 8호선(별내선) 구리역을 중심으로 분산

자료 1-102. 구리역 환승센터 건립공사 과업지시서(좌), 구리역 환승센터 조감도(우)

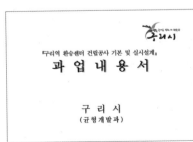

출처 : 조달청 나라장터, 구리시청 홈페이지

된 환승시설의 재배치, 환승 등 신설을 통해 교통수단 간 환승 연계체계를 구축해서 구리시 인창동 316-62번지 일원 7,609.8㎡ 면적에 130억 원을 투자해 2026년까지 건설할 계획이다.

서울 강동구와 구리시는 다리 하나 차이로 구분되어 오늘날 부동산 가격이 큰 차이를 보이나, 앞으로 8호선 개통과 구리대교 등의 준공이 완료되면, 구리역 인근 부동산 가격은 큰 변화가 있을 것으로 예상된다. 구리역의 가장 고가 아파트인 구리역한양수자인리버시티 113.23/84.98㎡ 기준으로 2022년 3월 12억 2,000만 원 최고가 거래 이후 8억 원 중반까지 떨어졌다가 다시 9억 원대로 소폭 올라갔으며, 구리역 바로 앞 e편한세상인창어반포레의 경우도 113A/84㎡ 기준 지난 2023년 10월 10억 5,000만 원을 기록한 후 소폭 떨어지는 추세다. 강동대교를 넘어 위치한 하남과 구리대교를 넘어 위치한 강동구 주택 가격이 고가 기준 15~17억 원 선으로 유지되는 상황이며, 강남구-성동구의 예를 생각해보면 상향평준화될 가능성이 크고, 더불어 구리역 복합환승센터까지 만들어지니 구리역 환승센터 인근 부동산은 반드시 관심을 가져야 하는 곳임에 틀림없다.

16. 병점역 복합환승센터

위치	경기도 화성시 진안동 822-25
연계 교통	1호선, 버스, 58개 노선(광역 3)/장래 동탄도시철도 트램
사업 내용	환승 불편사항(現 보행 환승거리 385m) 해소를 위해 버스정류장, K&R 등 환승센터를 구축함으로써 환승서비스 수준 개선
사업 기간	2023년~2029년
총 사업비	1,390억 원

자료 1-103. 경기도 화성시 진안동 822-25

출처 : 카카오맵 위성지도

병점역 환승센터가 들어가는 화성시는 대한민국에서 수원, 용인, 고양 다음으로 큰 도시로서 2023년 11월 기준 94만 1,489명이 거주 중이다. 100만 명에서 조금 부족한 상황이라 아직 특례시로 승격되지는 못했으나, 경기도에서 가장 빠르게 인구가 증가하는 지역으로서 앞으로 수원, 용인, 고양, 창원에 이어 다섯 번째 특례시 승격이 확실시되는 도시다. 서울특별시의 1.4배에 달하는 커다란 면적을 갖추고 있고 동서로 긴 모양이며, 오늘날 동쪽 화성동탄신도시의 개발로 화성시 내에서도 동쪽과 서쪽은 아주 큰 격차를 보이고 있다. 그 결과 오늘날 환승센터는 동쪽으로 치우쳐져 있으며 GTX-A노선이 들어가는 동탄역 환승센터(경기도 화성시 오산동 967-164/GTX-A, SRT, 인덕원동탄선, 동탄 트램, 버스 68개 노선(광역16))와 직선 거리 서쪽 방향으로 약 5.6km 이격된 곳에 병점역 환승센터가 만들어지는 것이다. 그러나 앞으로 서해선 복선전철(경기화성~충남홍성)과 신안산선(화성~여의도~용산)의 개통, 송산그린시티(55,860,000㎡/60,000세대/150,000명)의 개발과 더불어 현대자동차 그룹이 2030년까지 서화성에 24조 원 투자 계획을 발표하며 앞으로 서쪽도 대단히 커질 전망이다.

자료 1-104. 화성시 인구수

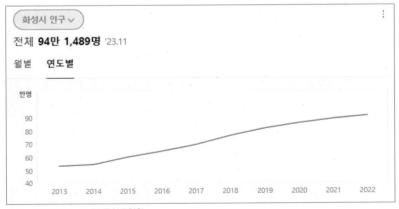

출처 : 행정안전부, 주민등록인구현황

화성시는 상당히 젊다. 전국이 44.2세, 경기도가 42.4세의 평균 나이를 보이는 반면, 화성시는 38.4세로서 젊은 도시로 불린다. 화성시는 도로와 철도 교통편도 상당히 좋다. 오늘날 경부고속도로, 서해안고속도로, 제2서해안고속도로, 수도권제2순환고속도로, 평택화성간고속도로, 용인서울고속도로 등 차량으로 이동도 편리하며, 철도 또한 수인선복선전철, 서해안복선전철, KTX고속철도, 수도권광역급행철도 GTX, SRT고속철도 등이 위치함으로써 앞으로 더욱 늘어날 인구를 대비한 교통편까지 완비된 상태다.

자료 1-105. 화성시 교통 및 GRDP

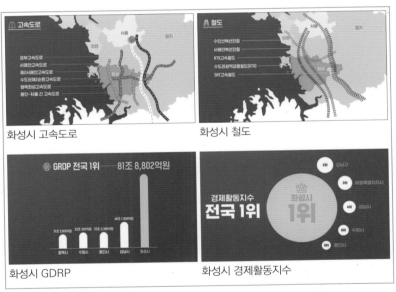

화성시 고속도로

화성시 철도

화성시 GDRP

화성시 경제활동지수

출처 : 화성시 홍보영상

이렇게 많은 SOC사업이 개발되는 이유는 단연 평택항을 기준으로 많은 기업이 이동하기 때문이다. 화성시는 27,607개의 기업 유치, 고용률 65.6%, 종업원 수 257,574명, 연 수출 규모 187억

4,437만 달러로 경기도 내에서 모두 1등을 차지하며, 대표 기업으로는 기아자동차, 현대자동차 기술연구소, 한미약품 등 제약공단, ASML코리아, 삼성전자연구소, 삼성전자 반도체공장 등이 있다. 지역 내 총생산 GDRP(gross regional domestic product)는 2023년 기준 3조 1,232억 원이며, 경기권 최고 자족도시라고 불리는 평택시, 수원시, 용인시, 성남시 등과 비교할 때 2배 이상 차이를 보인다.

이렇게 대단한 화성시에 환승센터는 고작 2개가 전부이며, 그중 GTX 없이 만들어지는 곳은 병점역 환승센터가 유일하다.

자료 1-106. 1957년 병점역(좌), 현재 병점역(우)

출처 : 나무위키

이러한 병점역은 오랜 역사를 가지고 있다. 1905년 경부선 개통과 함께 영업 개시를 시작했으나, 한국전쟁으로 역사가 무너진 후 1957년 신축됐다. 이후 2003년 수도권 1호선 전철역이 개통되면서 새롭게 보통역으로 승격되고, 이후 2005년 병점~천안 간 수도권 전철이 연장하며 오늘날에 이르고 있다. 병점역 주변(구 병점) 상권은 2000년대 초중반 태안지구가 들어서기 전부터 1번 국도(경기대로)를 끼고 비교적 자연발생적으로 형성되어 온 상권이다. 인근의 수원 군공항 때문에 몇 년 전까지만 해도 건축물 고도제한이 걸려 있었으며, 그 결과 태안지구는 역세권이지만 저층 중심의 상가들로 개발될 수밖에 없었다. 병점역 기준 우측은 구도심으로 상당히 노후화된 모습을 보이며, 좌측은 2021년 3월 병점역 아이 파크캐슬 2,666세대 대단지 아파트가 지하 2층, 지상 26층 높이 로 새롭게 신축됐고, 병점역 좌측부근과 연접해서 화성병점복합 타운이 한창 개발 중이다. 이곳에 오늘의 주인공 병점역 환승센터

자료 1-107. 화성병점복합타운 및 유앤아이센터

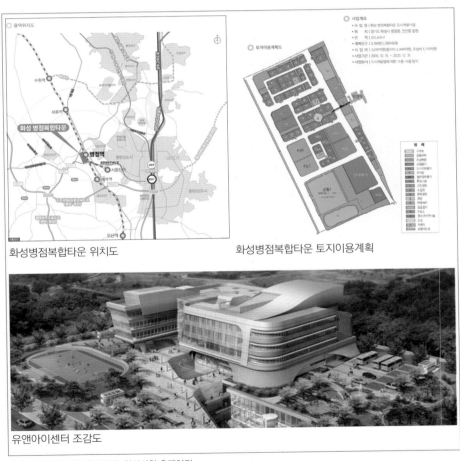

화성병점복합타운 위치도

화성병점복합타운 토지이용계획

유앤아이센터 조감도

출처 : 병점복합타운 홈페이지, 화성시청 홈페이지

가 만들어지는 것이다. 화성병점복합타운 개발은 375,641㎡, 축구장 52배에 달하는 면적으로 1,589세대, 3,196명의 계획 인구로 구성 중이다. 주목할 부분은 절반 이상 주상복합, 상업시설, 업무시설 등으로 구성되어 있으며, 타운 내 19,352㎡ 5,845평 규모의 수영장, 아이스링크, 헬스장, 골프장, 실내체육관 등이 함께 있는 유앤아이센터가 위치함으로써 그 가치를 더한다.

병점역은 2019년 일평균 이용객 33,262명으로 최고점을 찍은 이후 오늘날 28,000명대로 줄어들고 있는 추세이나, 앞으로 동탄 트램 및 병점복합타운이 개발되며 탑승객 수는 늘어날 전망이다. 병점역 환승센터 과업지시서를 보면 그 내용은 명확하다. 편리한 환승체계 도입 및 공공문화 복합 기능을 갖춘 환승지원시설 건립으로, 철도, 버스, 택시, 트램 등 다양한 대중교통수단의 결절점이며, 장래확장성 GTX-C 연장 가능성 등을 주안점으로 두고 개발할 계획임을 명시하고 있다. 동탄 트램 건설사업은 2024년 6월 착공을 시작해 2027년 말을 목표로 9,800억 원을 투자해서 병점역에서 동탄을 잇는 노선과 수원 망포에서 동탄역을 거쳐 오산으로 잇는 총 2개 노선을 말한다.

그렇다면 이토록 발전하고 있는 병점역 인근 부동산 시장은 어떨까? 최근 만들어진 대단지 병점역 아이파크캐슬이 단연 최고 가격을 자랑한다. 110A/84.98㎡ 기준 2021년 7월 8억 3,000만 원이라는 최고점을 찍은 이후 2023년도에는 대한민국 다른 지역과 별반 다르지 않은 흐름으로 현재 6~7억 원대로서 1~2억 원 정도 떨어진 가격대를 형성하고 있다. 앞으로 화성병점복합타운 내 복합시설용지 및 주거시설이 완성되면 지역 내 최고 가격 순위에 변동이 있을 것으로 예상된다. 이처럼 대규모 택지 개발, 복합환승

자료 1-108. 병점역~화성동탄신도시 트램 노선도(좌), 병점복합환승센터 과업지시서(우)

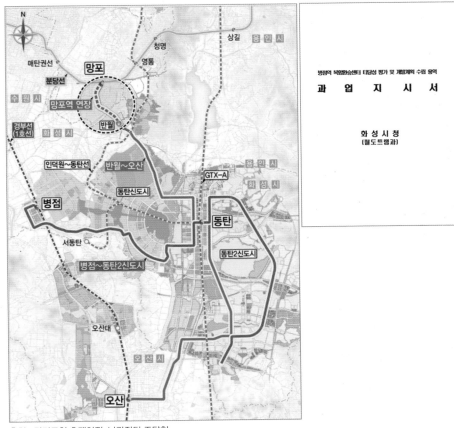

출처 : 경기도청 홈페이지, 나라장터 조달청

센터, 업무시설, 교육시설 등 다양한 인프라와 GTX-A 동탄역과
연결되는 트램 등 개발이 한창인 병점역 복합환승센터는 관심을
가져볼 만한 곳임에 틀림없다.

17. 초지역 환승센터

위치	경기도 안산시 초지동 27-1
연계 교통	4호선, 수인분당선, 서해선, 버스 8개 노선/장래 인천발 KTX 직결사업, 신안산선
사업 내용	향후 철도 5개 노선이 지나가는 교통 결절점으로서 버스정류장, 환승주차장 등 환승센터를 구축해 다양한 교통수단 연계
사업 기간	2021년~2026년
총 사업비	402억 원

자료 1-109. 경기도 안산시 초지동 27-1

출처 : 카카오맵 위성지도

단언컨대 안산시 내에 이러한 곳은 없다. 1994년 서울지하철 4
호선, 2018년 서해선(소사원시선), 2020년 수인분당선이 개통됐으
며, 2025년 인천발 KTX 초지역(송도~초지~어천), 2025년 신안산
선(여의도~한양대에리카캠퍼스역, 원시역) 2개 역사 추가 개통을 앞
둔 곳이 안산에 위치한 초지역이다. 안산시는 동쪽으로 군포시,
의왕시, 수원시, 서쪽으로 인천광역시, 남쪽으로 화성시, 북쪽으
로 안양시가 연접해 있다. 안산시라는 이름은 옛날에 안산 지역
에 있었던 고을인 안산군에서 유래됐다. 안산시는 156.5㎢ 면적
으로 경기도에서 17위이며, 16위 고양시, 18위 성남시 순이다(1위
는 양평군(887.8㎢), 2위는 가평군(843.6㎢), 3위는 포천시(827.1㎢)다).

안산시는 다른 행정구역과 달리 대부도라는 큰 면적의 섬을 보
유하고 있으며, 안산시 본토의 안성시청 기준 직선 거리 약 25km
로 비교적 먼 거리에 위치한다.

자료 1-110. 신안산선 노선도(좌), 인천발 KTX 직결사업(우)

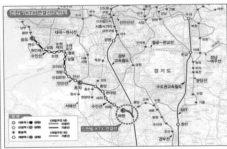

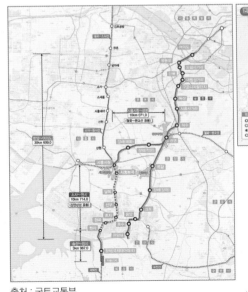

출처 : 국토교통부

안산시 인구수는 63만 651명으로, 2010년 71만 4,891명이라는 최고 인구수를 찍고 인구 상승 요인이 줄어들면서 인구수가 상당히 감소하는 분위기다. 그나마 안산시의 인구수를 지탱해주는 것은 역시 일자리로 반월국가산업단지와 시화국가산업단지가 있다. 반월국가산업단지는 안산스마트허브라고도 부르며, 수도권 인구 분산 정책의 일환으로 서울과 경기도 각지에 산재한 중소기업, 공해업체의 공장들을 안산시 단원구 일대에 이전, 계열화해서 육성할 목적으로 조성된 산업단지다. 시화국가산업단지, 시흥스마트허브라고도 부르며, 경기도 시흥시 정왕동과 안산시 성곡동에 조성된 총면적은 16.6㎢다.

자료 1-111. 안산시 인구수

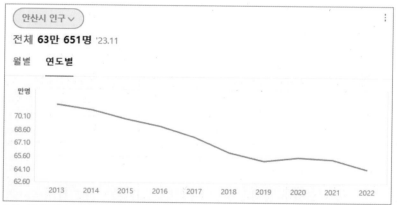

출처 : 행정안전부, 주민등록인구현황

상대적으로 그린벨트로 묶여 있는 땅이 대부분 개발되어 자족 도시로서 큰 역할은 했으나, 그 결과 총 면적의 1/3정도를 공단이 차지하고 있는 상황으로 높은 녹지 비율이나, 쾌적한 도시와는 다소 거리가 있다. 안산시는 대한민국 전 지역 중 공단 개발로 인해 외국인이 가장 많은 지역이며, 2022년 기준 88,667명으로 안산시 거주 인구 중 약 12%를 차지한다. 대한민국 전역이 인구 감소 현상으로 골머리를 앓는 동안 안산시는 오히려 외국인들이 인구 감소 버팀목의 역할을 톡톡히 해줘 감소를 최소화하고 있다. 국적별로 많은 외국인 수는 조선족, 중국, 우즈베키스탄, 베트남, 인도네시아, 필리핀, 네팔, 캄보디아, 스리랑카 순이다. 앞으로 안산시에서 3기 신도시 추진과 함께 진행되는 중소 규모 택지지구 중 안산장상지구(13,000호), 안산신길2지구(7,000호)의 개발로 인해 인구가 더 늘어날 전망이다. 안산시는 중앙역, 상록수역, 고잔역, 한대앞역, 안산문화광장 상권 등이 있으며, 새롭게 떠오르는 곳으로 그랑시티자이와 초지역세권 상권 등이 있다. 앞으로 복합환승센터 및 엄청난 교통편이 초지역으로 몰리며, 단연 최고의 상권

자료 1-112. 초지역세권 개발계획

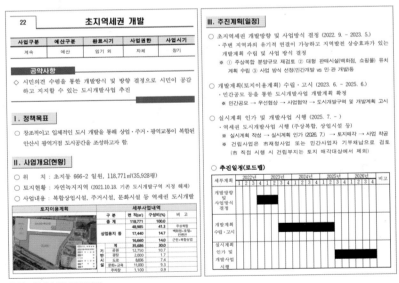

출처 : 안산시청 홈페이지

은 초지역세권 상권이 될 가능성이 크다. 초지역세권 개발과 함께 환승센터가 예정된 일대는 이미 안산시가 확보한 토지로 개발 속도가 빨라질 전망이다. 안산시장 공약사항을 보면 그 내용이 매우 구체적이다. 초지동 666-2번지 일원에 118,771㎡(35,928평)를 복합상업시설, 주거시설, 문화시설 등으로 역세권 도시개발을 진행하고, 민간자본 투자로 1조 2,000억 원을 예산으로 편성했다.

초지역 인근 2번, 3번 출입구역 앞의 모습은 과거와 사뭇 다르다. 저층 빌라와 아파트단지로 구성된 구도심 재개발을 통해 크게 바뀐 모습으로 일대 부동산 중 가장 고가를 유지 중이다. 초지역 앞에 위치한 아파트는 메이저타운푸르지오 메트로단지(1,548세대), 에코단지(1,244세대), 파크단지(1,238세대), 초지두산위브(695세대), 이편한세상 초지역 센털포레(1,450세대), 안산푸르지오브리파크(1714세대), 안산롯데캐슬더퍼스트(469세대) 등이 있으며, 총 8,358세대, 약 2만 명 이상이 거주할 수 있는 미니 신도시가 탄생됐다. 이 중 단연 최고가는 초지역 바로 앞 초지역메이저타운 푸르지오메트로단지다. 106/84㎡ 기준 2022년 6월 6억 5,000만 원의 최고가를 찍은 이후 오늘날 5~6억 원대의 가격을 유지하고 있다. 향후 신안산선과 인천발 KTX 직결, 환승센터, 초지역세권개발 등이 진행될 시 일대 부동산 가격 상승의 견인 역할을 톡톡히 할 것으로 전망되며, 특히 여의도까지 환승 없이 30분대 진입이 가능하기에 더욱 눈여겨봐야 할 것 같다.

18. 걸포북변역 환승센터

위치	경기도 김포시 걸포동 336-1
연계 교통	김포 도시철도, 버스 29개(광역 9)/장래 인천2호선
사업 내용	걸포 3지구 도시개발사업지구 내 시외, 고속버스정류장 등 복합환승센터를 구축하고, 교통 및 도시 발전 중심지 기능 수행
사업 기간	2026년~2028년
총 사업비	1,705억 원

자료 1-113. 경기도 김포시 걸포동 336-1

출처 : 카카오맵 위성지도

걸포북변역 복합환승센터는 김포시에 만들어지는 유일한 복합환승센터다. 오늘날 걸포북변역 기준 10시 방향, 한강메트로자이 1단지 103동 옆으로 커다란 공터가 하나 있다. 그곳이 바로 복합환승센터 자리다. 오늘날 인구수가 크게 늘어나는 김포시의 많은 주민들은 앞으로 걸포북변역 환승센터를 적극 이용하게 될 것이다.

김포시는 경기도 서북부에 위치해 있으며, 동남쪽으로 서울 강서구, 서쪽으로 인천 강화군, 북쪽으로 경기 고양과 파주가 위치한다. 김포시 대부분의 인구는 서울 강서구과 연접한 고촌읍, 한강신도시, 걸포동 등 새롭게 개발된 도시에서 거주 중이며, 김포시 하성면 시암리, 월곶면 보구곶리 등은 북한과 연접되어 개성특급시와 불과 23km밖에 떨어져 있지 않다는 것을 모르는 이가 많다. 김포 한강신도시는 노무현 정권에서 시작한 2기 신도시로서 구래동, 마산동, 장기동, 운양동 일대를 개발한 사업으로 3,585,567.8㎡ 면적에 56,209세대를 만들어 153,760명의 인구를 유입시킴으로써 김포시를 한 단계 상승시키는 데 크게 기여했다. 김포한강신도시는 최초 이름이 양촌신도시로 결정되려고 했으나 농촌 이미지가 강해 한강신도시로 변경됐다. 김포 한강신도시는 소위 아시아의 베네치아를 만들겠다며 금빛수로라는 이름으로 명명하고, 신도시사업과 함께 공사가 시작됐으며, 이름은 라베니체로 짓게 됐다. 김포시는 2010년대의 폭발적인 인구 증가에 힘입어 2021년 외국인 포함 인구 50만 명을 돌파해서 오늘날까지 인구수가 단 한 번도 줄어든 적이 없으며, 1998년 4월 1일부로 김포군에서 김포시로 승격했다.

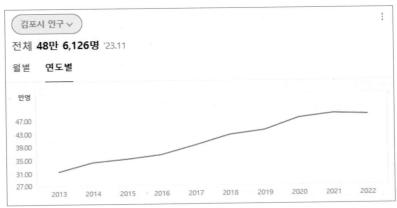

출처 : 행정안전부, 주민등록인구현황

　김포는 북한 바로 아래 붙어 있다는 지리적 특성 때문에 군부대가 많이 주둔한다. 고촌읍에 제17보병사단과 포병여단, 해병대 제2사단, 육군 수도포병여단 예하대대, 제3미사일방어여단소속 공군 미사일방어포대 등이 있다. 김포시 하성면 일대에서는 불과 2km가 안 되는 거리에서 북한 개성시, 초소, 송악산 등이 보이며, 그로 인해 일대는 개발이 불가하다.

　사실 김포 하면 가장 먼저 떠오르는 것은 김포공항이다. 그러나 정작 김포공항은 서울특별시 강서구 공항동, 방화동, 개화동, 과해동, 오곡동, 오쇠동, 인천광역시 계양구 상야동, 경기도 부천시 오정구 고강동에 걸쳐 있어 김포와는 상관이 없다. 그렇다면 왜 김포공항으로 불릴까? 이유는 김포공항 개항 당시만 해도 공항이 있는 곳이 경기도 김포군 양서면이었는데, 1963년 양서면이 서울특별시에 편입되면서 김포공항도 서울에 위치하게 됐기 때문이다. 즉, 뿌리는 김포가 맞다. 최근 김포시에서 가장 큰 이슈는 역시 메가서울 김포시의 서울 편입과 경기 남북부 행정구역 개편 중 김포시가 경기남도에 위치하게 될지, 경기북도에 위치하게 될지에 대한 부분이다. 먼저 메가서울은 2023년 10월 23일 국민의힘의 김포 지역 정치권에서 김포가 2026년 신설 예정인 경기북부 특별자치도에 포함되는 것에 반대하는 의미로 서울특별시 편입 카드를 꺼내 들었고, 이에 10월 30일 국민의힘 지도부가 호응하면서 제22대 국회의원 선거에 가지고 나온 카드다. 그러나 김포시보다 메가시티로서 서울에 편입될 만한 더 큰 명분을 가진 성남, 부천, 광명, 고양, 과천, 구리, 하남 등에서 이야기가 나오며, 단지 2024년 4월 10일 선거를 위한 현실성 없는 발언이라는 평이 많다. 그나마 현실성 있는 부분은 김동연 경기지사의 강한 의지로 밀어붙이는 경기북부 특별자치도 설치다. 이는 경기남북도로 행정구역을 나눠 낙후된 북부에 행정자치권, 재정특례 등 많은 혜택을 주는 사업이다. 김포시는 지리적 위치와 향후 발전 가능성이 매우 뛰어난 곳으로 경기남도, 경기북도, 서울시 모두가 탐내는 곳이다.

자료 1-115. 경기북부 특별자치도(좌), 서울 메가시티 김포 편입(우)

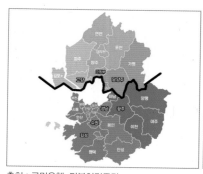

출처 : 국민은행, 더불어민주당

김포시는 대단히 큰 면적과 많은 인구가 살고 있음에도 불구하고 지하철이 1개뿐이다. 김포시의 유일한 지하철인 김포골드라인은 2019년 9월 28일을 시작으로 김포 양촌역~강서 김포공항역까지 연결되는 10개 역사로 만들어진 노선이다. 김포골드라인 하면 가장 먼저 떠오르는 것은 출퇴근 풍경이다. 대중교통수단이 버스밖에 없던 김포시에 도시철도가 개통됐으나, 한강신도시 등 인구 수요를 잘못 계산하고, 철도 차량도 턱없이 부족하게 설계된 탓에 2020년 골드라인의 혼잡도는 285%까지 치솟았다. 이는 이태원 사고 당시와 비슷한 수치다. 그 결과 '너도 함 타봐라' 챌린지가 일어났고, 대통령 선거 전 대권 인사들이 직접 혼잡도를 경험하기도 했다.

자료 1-116. 너도 함 타봐라 챌린지 윤석열 대선후보(좌),
너도 함 타봐라 챌린지 이재명 대선후보(우)

출처 : 국민의힘, 더불어민주당

이렇게 부족한 교통 인프라를 갖춘 김포는 당장은 어렵더라도, 앞으로는 교통편이 크게 좋아질 전망이다. 대표적으로 GTX-D, 5호선 연장, 인천2호선 고양 연장 등이 있다.

인천2호선 고양 연장은 2023년 11월 기준으로 예비타당성 조사

대응 연구용역 착수(주관 : 김포, 인천, 고양)에 들어갔으며, 인천 서구~경기 김포(감정~걸포북면~시네폴리스)~고양 탄현중산지구로 연결되는 노선으로서 2조 830억 원의 예산이 계획되어 있다. 연장 길이는 19.63km, 12개소 정거장이다. 다음으로 5호선은 국토교통부가 지난 2022년 11월 서울 5호선, GTX 등과 연계한 김포한강2 콤팩트시티를 발표하며 급물살을 타게 됐다. 서울 방화~김포까지 연결되는 노선으로 2조 7,940억 원의 예산을 투자해 23.9km가 연장될 예정이다. 마지막으로 GTX-D노선이라고 불리는 서부권 광역급행철도는 2021년 7월 제4차 국가철도망 구축계획 고시에 처음 등장했으며, 2023년 6월~2024년 1월까지 한국개발연구원 KDI에서 예비타당성 조사 중이다. 김포 장기~부천종합운동장역~서울역까지 연결되는 노선으로 2조 2,279억 원, 연장 40.8km(신설 20.7km, 공용 20.1km), 정거장 9개소(신설 4, 공용 5)가 계획 중이다. 특히 GTX-D노선은 장기역, 검단역, 계양역, 대장신도시 4개 역사가 신설된 이후 GTX-B노선을 만나 공용으로 사용될 예정이다.

위 노선이 모두 완성되면 김포시 내에서는 걸포북변역(김포골드라인+인천2호선)과 장기역(5호선+GTX-D) 2개 노선이 교차하는 환승역사가 된다. 그중 인천2호선이 가장 빠르게 진행 중이며, 인천2호선의 최대 장점은 걸포북변역에서 인천2호선을 타고 3개 정거장만 일산킨텍스 방향으로 이동하면 GTX-A 킨텍스역에서 환승이 가능하며, 앞으로 파주운정, 연신내역, 서울역, 삼성역, 수서역 등 어디든 자유롭게 갈 수 있다는 것이다.

걸포북변역 복합환승센터가 들어서기 전에는 잠시 천연 잔디광장으로 임시 활용 후 1,705억 원을 투자해서 복합환승센터를 건립할 예정이다. 걸포북변역 인근 한강메트로자이 1단지 112.5/84.98㎡ 기

자료 1-117. 김포시 연장 노선

5호선 김포시 연장 노선
(서울 방화 차량기지~인천 검단~경기 김포)

광역급행철도 GTX-D 김포 연장 노선
(김포 장기~부천 부천종합운동장~서울 강남(팔당))

인천2호선 김포시 연장 노선
(인천 서구~김포걸포북면~고양탄현, 중산지구)

출처 : 김포시청 홈페이지

준 2020년 10월 8억 2,500만 원의 최고가를 찍은 이후 하락 중이며, 현재 매물은 7억 원대에 형성 중이다. 앞으로 더욱 멋진 도시로 발전될 김포시와 더불어 인구가 크게 몰릴 걸포북변역 복합환승센터, 반드시 관심 가져야 할 곳임에 틀림없다.

19. 인덕원역 복합환승센터(GTX-C)

위치	경기도 안양시 동안구 관양동 157 일원
연계 교통	4호선, 버스 37개 노선(광역 3)/장래 GTX-C, 경강선(월곶판교), 인덕원동탄선
사업 내용	장래 수도권 주요 교통 결절점이 될 인덕원역에 통합 대합실, 버스정류장 등 복합 환승센터를 구축해 환승 기능 강화
사업 기간	2022년~2025년
총 사업비	7,180억 원

자료 1-118. 경기도 안양시 동안구 관양동 157

출처 : 카카오맵 위성지도

안양시는 동쪽으로 의왕시, 서쪽으로 광명시, 시흥시, 안산시, 남쪽으로 군포시, 북쪽으로 서울 금천구, 관악구, 과천시와 가까운 곳에 위치해 있다. 안양시는 1949년 8월 14일 안양면이 안양읍으로, 1973년 7월 1일 안양읍이 안양시로 승격됐다. 안양시는 경기도에서 몇 안 되는 인구 감소 지역으로 선정됐다. 2005년 625,350명까지 빠르게 인구가 증가해서 2000년대 후반까지만 해도 목동, 분당과 비슷한 수준의 높은 부동산 가격을 자랑했다.

자료 1-119. 안양시 인구수

출처 : 행정안전부, 주민등록인구현황

그러나 2023년 11월 기준 543,597명으로 인구가 크게 줄어든 상황이다. 과거 안양은 경기 남부권의 대규모 야적장을 보유한 공업도시였으나, 서울과 가까운 지리적 이점으로 땅값이 크게 상승하며 대부분의 땅이 주거시설 및 공업시설로 개발됐고, 그 결과 인구가 크게 늘었다. 이후 근처 시화, 반월공단 등으로 대거 이동하며 인구가 크게 줄기 시작했다. 감소의 주된 원인은 광명, 시흥, 과천 등의 인근 지역 도시개발과 양질의 일자리가 부족하다는 점을 들 수 있다. 안양은 인근 다른 지역에 비해 상권이 큰 편은 아니다. 그나마 범계역은 롯데백화점 평촌점, 뉴코아아울렛, 홈플러스가 있고, 평촌역에는 이마트가 있어 사람이 몰린다. 그러나 앞으로 인덕원역은 GTX-C, 경강선(월곶판교), 인덕원 동탄선 등이 들어서며 크게 변화될 전망이며, 그 중심에 복합환승센터가 있다.

자료 1-120. 인덕원역 복합환승센터 조감도

출처 : 안양시청 홈페이지

  가장 먼저 월곶판교선은 2021년 4월 26일 공사를 시작해서 2028년 준공을 목표로 하며, 월곶(시흥)~KTX광명~인덕원(안양)~청계(의왕)~판교(성남)를 잇는 2조 664억 원 규모의 철도사업이다. 이후 판교~여주~서원주~강릉 등 동서를 가로지르는 철도 개발로 그 파급력은 더욱 클 것으로 예상된다.

자료 1-121. 월곶~판교 복선 전철 노선도(좌), 여주~원주 철도 건설 노선도(우)

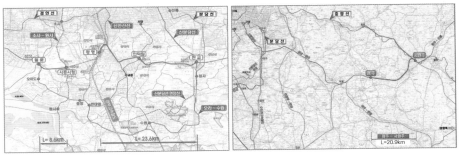

출처 : 국토교통부

자료 1-122. 인덕원~동탄선

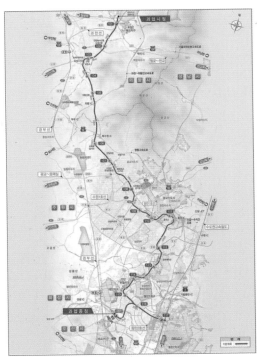

출처 : 국토교통부

다음은 2021년 4월 26일 착공에 들어간 인덕원동탄선이 있다. 해당 노선은 인덕원을 기점으로 하고, 동탄역을 종점으로 하는 총 17개 역사가 만들어지며 2028년 개통을 목표로 한다. 총 길이 34.5km의 노선으로 2조 2,830억 원의 예산이 투입될 예정이다.

자료 1-123. GTX-C노선도

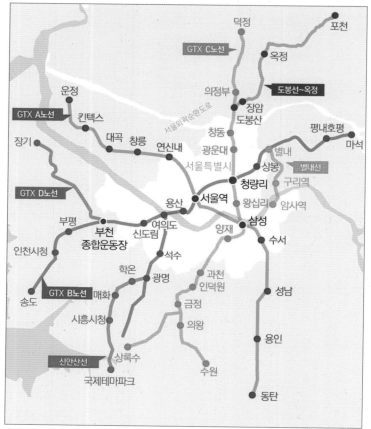

출처 : 국토교통부

　마지막으로 가장 파급력이 강한 수도권 광역급행철도 GTX-C
노선이 인덕원역을 지나가게 된다. GTX-C노선은 수원역에서 출
발해 인덕원역, 삼성역·청량리역(서울), 의정부역을 지나 덕정역
(양주)을 종점으로 개발된다. 총 사업비 4조 6,084억 원으로 일반
철도에 비해 2배가량 예산이 투입되는 급행철도로서 2024년 초
착공을 앞두고 있다.

6. 토지이용계획 및 기반시설계획				
구 분			면 적(㎡)	구성비(%)	비 고
합 계			150,973	100.0	
주거용지	소 계		29,473	19.5	
	단독주택용지		3,369	2.2	
	공동주택용지		21,566	14.3	
	근린생활시설용지		4,538	3.0	
산업용지	도시지원시설용지		13,500	9.0	
복합환승시설용지			25,265	16.7	
도시기반시설용지	소 계		82,735	54.8	
	도로	소계	45,351	30.0	
		도로	45,068	29.9	
		보행자도로	283	0.1	
	공원녹지	소계	27,498	18.3	
		공원	9,743	6.5	3개소
		경관녹지	17,755	11.8	6개소
	주차장		811	0.5	1개소
	교통광장		9,075	6.0	1개소

출처 : 토지이음

이 모든 철도가 완성되면 인덕원역 복합환승센터를 중심으로 4호선을 타고 사당까지 16분, 월곶판교선을 타고 판교역까지 15분, 동탄인덕원선을 타고 동탄역까지 32분, GTX-C를 타고 삼성역까지 10분이면 갈 수 있으며, 안양시 내에서 최고의 교통 요충지가 될 것이다. 최근 이러한 이슈 덕에 가파른 상승을 보였던 인덕원 일대 부동산은 매매가가 수억 원씩 떨어지는 모습을 보였다. 인덕원마을삼성 $106/84m^2$ 기준으로 2021년 7월 13억 3,000만 원에 거래됐으나, 2023년 2월에는 8억 200만 원에 거래됐고, 인덕원역 일대 신축아파트로 구분되는 인덕원푸르지오엘센트로 $112A/84m^2$ 또한 2021년 6월에 16억 3,000만 원까지 올랐으나, 이후 2023년 2월 8억 4,000만 원까지 떨어져 반토막이 난 이후 오늘날 다시 13억 원대까지 올라 다시 상승으로 돌아서는 분위기다. 이처럼 안양시 전체를 통틀어 오늘날도 뜨겁지만, 앞으로 그 인기가 날로 더해질 인덕원 복합환승센터 부동산은 꾸준히 체크할 필요가 있고, 특히 인덕원역 복합환승센터와 연계 개발이 진행 중인 인덕원 주변 도시개발 및 과천 갈현지구 등도 눈여겨봐야 할 곳임에 틀림없다.

20. 지제역 복합환승센터

위치	경기도 평택시 지제동 559-4
연계 교통	1호선, SRT, 버스 27개 노선(광역 1)/장래 수원발 KTX 직결, BRT, GTX-C
사업 내용	SRT, KTX, GTX-A등 수도권 남부 광역교통 결절점으로서 복합환승센터를 구축해 환승 편의 향상 및 지역 성장 촉진
사업 기간	2022년~2030년
총 사업비	5,887억 원

자료 1-125. 경기도 평택시 지제동 559-4

출처 : 카카오맵 위성지도

오늘날 대한민국에서 가장 인기가 좋은 지역 중 하나는 평택 지제역 부동산이라고 할 수 있다. 평택시는 동쪽으로 안성시, 서쪽으로 충남 당진시, 남쪽으로 충남 아산시, 천안시, 북쪽으로 용인시와 연접하고 있다. 평택은 평평한 땅과 연못밖에 없다고 해서 지어진 이름으로, 가장 높은 산이 무봉산이며, 해발 208m밖에 되지 않는다. 평택을 한 단계 크게 발전시킨 계기로는 단연 평택항만, 삼성전자, 미군부대를 이야기할 수 있다. 평택항의 정확한 이

자료 1-126. 평택항 관련 자료

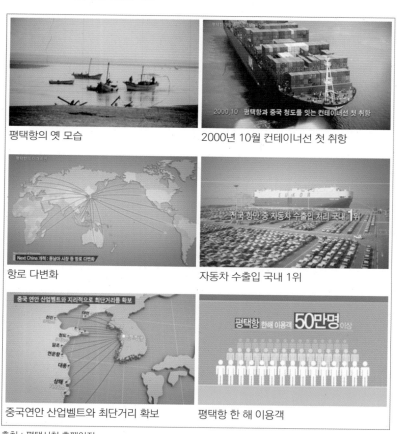

평택항의 옛 모습

2000년 10월 컨테이너선 첫 취항

항로 다변화

자동차 수출입 국내 1위

중국연안 산업벨트와 최단거리 확보

평택항 한 해 이용객

출처 : 평택시청 홈페이지

자료 1-127. 평택시 산업지도

출처 : 평택시청 홈페이지

름은 평택·당진항이다. 당진과 평택이 어느 지역명을 앞에 사용할 것인가를 놓고 한동안 대립 구도를 보였으나 최종 평택·당진항이라는 이름으로 불리게 됐다. 1986년 12월 5일 개항을 시작한 평택·당진항은 부산항, 인천항 대비 개항이 110~120년 이상 늦은 신설 항만이다. 1996년 국책 항구로 선정되며 시설에 대한 예산과 확충이 본격적으로 진행됐으며, 1997년에 외항동 부두가 준공됐고, 2001년에는 서부두가 준공됐다. 평택항은 짧은 시간에 세계 최대 규모의 항만으로 성장했다. 한-중 무역이 빠르게 성장하며 수출길이 배와 비행기 말고는 없는 우리나라로서는 평택·당진항 개발을 조금 서둘러 하지 못했다는 아쉬움이 있다.

평택에는 참 많은 산업단지가 있다. 그 이유는 서울 용산에 있는 주한미군 용산기지를 경기도 평택시와 오산 공군기지로 이전하며, 산업단지 개발에 다양한 혜택을 줬기 때문이다. 따라서 최근 많은 산업단지가 평택으로 옮겨가고 있다.

고덕일반산업단지의 삼성전자, 진위LG디지털파크 일반산업단지를 비롯해 해안가 주변에 포승2일반산업단지, 경기경제자유구역 등 16개 산업단지가 조성됐고, 진위3산업단지, 브레인시티 일반산업단지 등 4개의 대규모 산업단지가 개발 중이다.

특히 고덕일반산업단지의 삼성전자는 평택의 지도를 바꾸고 자족도시를 완성시키는 데 크게 기여했다는 평이다. 고덕의 30% 면적이 삼성전자 반도체 공장으로서, 삼성전자 때문에 고덕국제신도시가 만들어졌다고 해도 과언이 아니다. 즉, 다시 말해 삼성전자의 대규모 투자 결정으로, 중앙정부를 움직여 2기 신도시로 지정되고, 58,300세대 택지 개발과 144,173명의 사람들을 평택 고덕이라는 지역으로 불러 모았다고 할 수 있다. 지난 2022년 5월 20일 미국 바이든(Biden) 대통령이 한국 방문 시 평택 미군부대보다 먼저 들른 곳이 삼성전자 평택캠퍼스인 것만 보더라도 세계적으로 얼마나 인정받는 기업인지, 그 입지를 톡톡히 알 수 있다. 이처럼 한 기업의 결정과 이동은 지역을 망하게도, 흥하게도 할 수 있다.

자료 1-128. 고덕 삼성반도체 공장(좌),
미국 바이든 대통령 평택 삼성반도체공장 방문(우)

출처 : 평택시청 홈페이지, 청와대

다음으로 평택 지도를 크게 바꾼 것은 USAG 험프리스(USAG Humphreys | Camp Humphreys)다. 평택시 팽성읍 일원에 주둔하는 미군기지로서 주한미군사령부, 한미연합군사령부, 주한 미8군, 유엔군사령부, 주한 미8군 한국군지원단 등이 자리하고 있다. 1962년 헬리콥터 사고로 순직한 미 육군 항공준사관 CWO 벤저민 K. 험프리스(Benjamin K. Humphreys) 준위의 이름을 따 캠프 험프리스라는 이름이 붙었다. 면적 14.77㎢로, 단일 기지로는 세계 최대의 해외 미군기지다. 미군기지는 한국에 있는 미국 내 영토다. 미군기지 내에는 학교, 병원, 주거시설, 영화관, 도서관, 수영장, 워터파크, 축구장, 피트니스센터, 공연장, 볼링장, 식료품 마트, 버거킹, 피자헛, 서브웨이, 스타벅스, 베스킨라빈스, 교회, 성당, 은행, 18홀 골프장 등등 없는 것이 없다. 평택 캠프 험프리스 면적이 14.77㎢(약 4,467,925평)로서 고덕국제신도시 면적(13.4㎢, 약 4,053,500평)보다 1.37㎢(414,425평)나 크다는 점을 생각해보면 정말 대단한 규모가 아닐 수 없다. 그만큼 평택에 미치는 영향

자료 1-129. 평택시 미군기지 위성사진

출처 : 구글어스

력도 대단하다. 캠프 험프리스에서 근무하는 직원만 42,000명이
며, 미군 관련 경제 유발 효과는 연간 5,000억 원에 달한다.

　이처럼 대한민국 국방, 산업에 중추적인 역할을 하는 평택시 내
복합환승센터는 한곳으로 모든 역량과 기능이 집중된다. 앞으로
지제역 일대는 평택시 내에서 가장 붐비고, 부동산 가치도 가장
높은 곳이 될 것이다. 위치는 경기도 평택시 지제동 559-4번지 일
원이며, 5,887억 원(환승체계 개선사업 300억 원, 미래형 복합환승센
터 구축사업 5,587억 원)을 투자해서 총 면적 53,937㎡, (동측) 복합
환승센터 16,601㎡, 광장 8,449㎡/(서측) 복합환승센터 11,817㎡,
광장 8,870㎡, 철도부지(선상) 8,200㎡로 개발될 예정이다.

자료 1-130. 평택 지제역 복합환승센터 조감도

출처 : 대도시권광역교통위원회

　평택 지제역 복합환승센터는 국토교통부가 주관한 미래형 환승
센터 시범사업에서 최우수사업으로 선정됐다. 반도체와 수소 산업
단지, KTX 등 철도와 버스, 도심항공교통 UAM에 전기·수소차까

지 연계해서 미래형 환승센터의 청사진을 마련했다는 평가를 받았다. 그러나 지제역 앞 부지 확보가 원활하지 못한 점, 38%가 비행안전구역으로 UAM 정거장 설립이 가능한지 등에 대한 부분은 평택시가 풀어나가야 할 숙제로, 진행 현황은 지켜봐야 할 것 같다.

대한민국 내에 국제도시는 단 5곳뿐이다. 경기도에 고덕국제도시, 인천광역시에 영종, 청라, 송도국제도시, 부산광역시에 명지국제도시가 있고, 이곳 모두 지역 내 최고의 부동산 가격을 자랑한다. 이처럼 최고의 지리적 위치와 일자리를 보유한 지제역세권 복합환승센터 부동산은 크게 지제역세권 vs 고덕국제신도시로 구분된다. 1호선과 SRT 노선이 다니는 지제역을 기준으로 1번 출구 방향은 지제세교지구가, 2번 출구 방향은 고덕국제신도시가 위치한다. 먼저 지제세교지구 일대의 가장 고가 주택은 지제역더샵센트럴시티 110.58/84.92㎡로, 2023년 6월 9억 원에 실거래됐으며, 2024년 1월 기준 1억 원 정도 하락한 8억 원대에 거래 중이다. 고덕국제신도시제일풍경채 128.28/99.42㎡는 2021년 9월 11

자료 1-131. 평택 지제역세권 광역교통 확충 및 모빌리티 연계 구상(GTX-A, GTX-C)

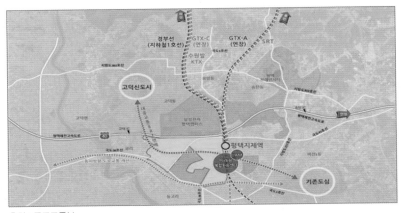

출처 : 국토교통부

억 2,500만 원의 최고가 이후 7억 원 초반대까지 크게 가격이 떨어지는 모습을 보이고 있으나 최근 다시 상승되는 분위기다. 최종 두 곳 중 승자는 지제역세권 인근 주택 시장이라는 평이 많은 것을 보면, 역시 교통의 힘은 대단하다는 것을 알 수 있다. 오늘날 지제역은 1호선과 SRT 노선뿐이지만, 향후 수원발 KTX, GTX-A, GTX-C노선을 국토교통부에서 매우 적극적으로 추진할 것이라고 언급한 이상 노선이 하나하나 만들어질 때마다 일대 부동산 가격은 크게 출렁일 것이며, 대한민국 산업과 국방을 이끄는 평택시 부동산은 앞으로도 지속적으로 관심을 가져야 할 것이다. 뿐만 아니라 1호선 역세권 중 아직 유일하게 개발되지 않은 대규모 택지를 보유한 진위역세권 개발 또한 눈여겨봐야 할 것이다.

PART
02

1기/2기 신도시를 통해

3기 신도시

대박 입지를 내다보다!

신도시와 택지지구의 차이점은?

신도시와 택지지구의 차이점은 무엇일까? 가장 큰 차이는 면적이다. 신도시는 3,300,000㎡(100만 평) 이상의 중앙정부 차원의 도시 개발이며, 택지개발지구는 100,000㎡(약 3만 평) 이상이다.

신도시는 개발되지 않은 원형지인 전, 답, 임야 등을 중앙정부에서 도시화하는 사업을 말한다. 중앙정부에서 추진하기 때문에 처음부터 지하철, 버스, 일자리 등 많은 예산을 들이고, 그린벨트 등을 해제해서 대규모로 개발되며, 현재는 3기 신도시가 진행 중이다. 반면 택지지구는 같은 경우 아파트, 단독주택, 연립주택, 상가 등 소규모로 빽빽하게 개발되는 경우가 많으며, 교통과 일자리가 없어 인프라가 다소 떨어지는 느낌이 있다. 보통 지하철이나 대규모 일자리가 있는 곳이 부동산 가격 상승 조건이 되는데, 택지지구보다 신도시가 이러한 조건을 갖추기에 유리하기 때문에 많은 사람들이 택지지구보다는 신도시를 선호한다.

대한민국 신도시 스토리
| 1기, 2기, 3기 |

대한민국은 총 3번의 신도시사업을 추진했다. 1기 신도시는 노태우 정권 당시 1980년대 후반 부동산 가격 폭등·주택난 심화 등의 주거 문제를 해결하기 위해 서울 근교 20km 거리 이내의 지역에 조성한 사업이다. 당시 전국 주택 보급률은 69.2%, 서울은 50.6%로 누가 봐도 집이 턱없이 부족해 매우 낮은 수치를 보였다. 1기 신도시는 강남 지역 주택 수요를 대체할 수 있고, 주변 지

자료 2-1. 1기 신도시 위치도

구분	합계	분당	일산	평촌	산본	중동
서울로부터의 거리(km)	-	남동 25km	북서 20km	남 20km	남 25km	서 20km
부지면적(㎢)	50.1	19.6	15.7	5.1	4.2	5.5
주택건설(천 호)	292.0	97.6	69.0	42.0	42.0	41.4
개발기간	-	`89~`96	`90~`95	`89~`95	`89~`95	`90~`96
인구밀도(인/ha)	233	199	175	329	399	304
녹지율	19.0	19.4	23.5	15.7	15.4	10.7

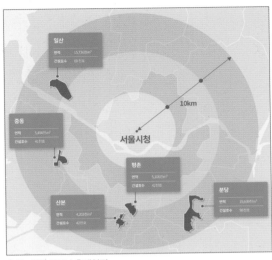

일산
면적 15.736천㎡
건설호수 69천호

중동
면적 5.456천㎡
건설호수 41천호

평촌
면적 5.106천㎡
건설호수 42천호

산본
면적 4.203천㎡
건설호수 42천호

분당
면적 19.639천㎡
건설호수 98천호

10km

서울시청

출처 : 3기 신도시 홈페이지

역과 교통 연결이 용이하며, 쾌적한 환경 조성이 가능하고 서울 주변 균형 발전에 기여하면서 저렴한 공급이 가능하도록 지가가 낮은 지역 5곳을 선정했고, 분당, 일산, 평촌, 중동, 산본으로 최종 결정됐다.

2기 신도시는 노무현 정권 시절에 추진된 사업이다. 이도 마찬가지로 IMF 이후 주택 가격이 급등함에 따라 대규모 계획도시의 필요성과 주택 시장 안정화에 대한 요구가 대두되며 조성한 신도시사업으로, 서울 생활권에서 벗어난 독립적인 자족도시 유도 및 용이한 택지 확보를 위해 판교, 위례를 제외하고는 서울에서 평균 30~40km 떨어진 원거리에 신도시 개발과 일자리 타운을 만들었다. 대표적인 곳이 고덕국제신도시-삼성, 성남판교-판교 테크노밸리 등이 있다. 1기, 2기 신도시 모두 집값 폭등, 주택 부족 등의 이유로 신도시 개발이 시작됐다는 공통점이 있다.

1기 신도시는 총 50.1㎢, 292천 호 사업이며, 2기 신도시는 139㎢, 666천 호 신도시사업으로 면적과 건설 호수 면에서 2배가 넘는 대한민국 최대 택지 개발이라고 할 수 있다. 이렇게 결정된 2기 신도시를 한강을 기준으로 크기순으로 나열해보면, 북으로 파주운정, 양주가 있고, 남으로 화성동탄2, 고덕국제화, 김포한강, 광교, 인천검단, 화성동탄1, 성남판교, 위례 등이 있다.

자료 2-2. 2기 신도시 위치도

구분	합계 (수도권)	성남 판교	위례	화성 동탄 1	화성 동탄 2	광교	김포 한강 (장기)	파주 운정	양주 (옥정·회천)	고덕 국제화	인천 검단	아산 (탕정·배방)	대전 도안
서울로부터의 거리 (km)	-	남동 22km	남동 18km	남 40km	남 45km	남 30km	서 30 km	북서 28 km	북동 30 km	남 60 km	서 26 km		
부지면적 (㎢)	139.0 (124.1)	8.9	6.8	9.0	24.0	11.3	11.7	16.6	11.2	13.4	11.2	8.8	6.1
주택건설 (천 호)	666 (608.2)	29.3	44.8	41.5	116.5	31.3	61.3	88.2	63.4	57.2	74.7	33.3	24.5
개발기간	`01~`23	`03~`17	`08~`20	`01~`18	`08~`21	`05~`19	`02~`17	`03~`23	`07~`18	`08~`20	`09~`23	`04~`18	`03~`12
인구밀도 (인/ha)	123 (126)	98	163	139	119	69	142	130	146	104	164	101	112
녹지율	30.3 (31.0)	37.5	26.3	28.0	31.3	43.8	31.0	27.3	29.3	25.6	29.4	26.1	27.7

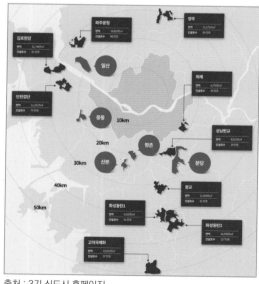

출처 : 3기 신도시 홈페이지

3기 신도시는 문재인 정권에서 추진된 사업이다. 이도 마찬가지로 1기, 2기 신도시처럼 집값 폭등 이후 수도권 주택 공급 확대 방안의 일환으로 주택 시장 및 서민 주거 안정을 위해 계획됐다. 3기 신도시의 특징은 기존 신도시 개발 과정에서 나타난 업무시설 부족·기반시설 지연·서울 도심 접근 불편을 보완해서 대규모 자족용지 계획 반영·광역교통개선대책 조기수립·도심 접근성 개선 등을 통해 완성도 있는 도시를 조성하는 것을 목표로 했다. 특히 가장 큰 변화라고 할 수 있는 것은 서울

자료 2-3. 3기 신도시 위치도

지구명	합계 (수도권)	남양주		하남 교산	인천 계양	고양 창릉	부천 대장
		왕숙	왕숙2				
부지면적(㎢)	34.18	10.29	2.39	6.86	3.33	7.89	3.42
주택건설(천 호)	169	52	13	33	17	35	19

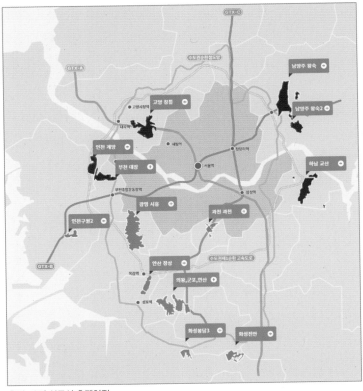

출처 : 3기 신도시 홈페이지

장거리 출퇴근 인구를 배려했다는 점과 광역급행철도 GTX를 도입했다는 점이다. 고양창릉신도시 같은 경우 GTX-A노선이 2024년 개통됨으로써 신도시 개발보다 먼저 운행 가능한 상황으로, 선교통, 후 입주라는 대한민국 사상 없었던 신도시 교통편이라고 평가받으며, 남양주 왕숙 GTX-B, 인천계양 GTX-D노선 등 1, 2기 신도시에 비해 크게 개선됐다고 할 수 있다.

1기 신도시는 총 50.1㎢, 292천 호, 2기 신도시는 139㎢, 666천 호였다면 3기 신도시는 34.18㎢, 169천 호 사업으로 가장 대규모 사업인 2기 신도시의 1/4 면적 및 세대수 사업이다.

신도시 스토리에서 재미있는 공통점을 발견할 수 있다. 가장 큰 부분은 신도시 개발 전에 집값이 폭등했고, 그 결과 주택이 부족해서 신도시를 만들게 됐다는 것이다. 어쩌면 지방 인구 소멸, 지방 도시 소멸, 지방 분권화를 외치는 목소리와는 정반대로 경기권 신도시사업을 빠르게 추진하는 것은 아닌지 생각해볼 대목이다. 뿐만 아니라 보통 사람을 외치던 노태우 대통령을 제외하고 2기, 3기 신도시 모두 민주당 정권 당시 발표된 사업이다. 집값 폭등의 원인으로 세계 경제, 저금리, 공급 부족, 원자잿값 폭등, 다양한 규제, 정치적 이용 등 여러 가지 많은 변수가 있지만, 코로나를 비롯한 재정 퍼주기 끝에 불러온 결과라는 평도 지배적이다.

자료 2-4. 역대 대한민국 대통령

20대 윤석열	19대 문재인	18대 박근혜	17대 이명박	16대 노무현
재임 2022~	재임 2017~2022	재임 2013~2017	재임 2008~2013	재임 2003~2008

15대 김대중	14대 김영삼	13대 노태우	11~12대 전두환	10대 최규하
재임 1998~2003	재임 1993~1998	재임 1988~1993	재임 1980~1988	재임 1979~1980

출처 : NAVER

역사는 반복되듯, 이번 3기 신도시를 이끌어가는 윤석열 대통령 정권은 2기 신도시를 이끌어갔던 이명박 대통령(2008~2013) 정권과 평행이론이라고 할 수 있다.

구분	노무현 대통령 (2003~2008)	이명박 대통령 (2008~2013)	문재인 대통령 (2017~2022)	윤석열 대통령 (2022~현재)
추진	2기 신도시 발표	2기 신도시 추진	3기 신도시 발표	3기 신도시 추진
규제	강화	완화	강화	완화
거래량	증가	감소	증가	감소
인구수	인구 증가	인구 증가	2019년 인구 정점 이후 감소	인구 감소 출생아 수 감소
공급율	집 부족	미분양 속출	집 부족	미분양 속출
토지 공시지가	상승	하락	상승	하락
결과	71% 폭등	5.66% 하락	81% 폭등	?

3기 신도시 부동산 보는
안목 키우기
| 토지이용계획+철도계획+일자리 |

역사가 반복되듯 신도시 집값도 상승, 하락을 반복한다. 주식 시장의 명언 중 "공포에 사서 환호에 팔아라"라는 말이 있듯 신도시 발표 이전 부동산은 환호로 가득하고, 신도시 발표 이후부터 차차 공포 시장으로 변화된다. 이를 반대로 생각해보면 공포 시장의 대표 뉴스인 '미분양, 규제 완화, 건설사 부도' 등 각종 이슈가 자주 등장할 때 구입하라는 뜻으로 해석해볼 수 있다. 사실 이는 매우 어렵고, 매수 이후에도 한동안 공포 시장 분위기 속에 많은 스트레스를 받을 수 있다. 그러나 신도시 내 최고 입지의 부동산을 선점하고 있으면 중앙정부 차원에서 기존에 계획된 철도, 도로, 일자리 등 좋은 인프라가 내가 선점한 부동산의 일원으로 들어가며, 소유 중이던 부동산의 가치가 크게 올라가는 결과를 맛보게 된다. 공포 시장이 끝나고 신도시 개발이 환호 시장으로 변하면 일대에서 가장 높은 가격을 자랑할 것이며, 나의 자산은 크게 상승되어

자료 2-5. 고양창릉신도시 토지이용계획(위), 남양주 왕숙1 신도시 토지이용계획(아래)

출처 : 국토교통부

있을 것이다. 그렇다면 신도시를 보는 안목을 키우는 가장 쉬운 방법은 무엇일까? 바로 토지이용계획의 색(빨강, 파랑, 노랑 등) 구분과 광역교통망 2가지만 기억하면 된다. 앞의 자료로 예를 들면 이해가 쉽다. 지하철은 대부분 가장 많은 사람이 모이는 곳, 앞으로 많은 사람이 모일 곳에 역사가 만들어지며, 지하철 역 앞은 역세권이라는 이름으로 신도시 내의 그 어떤 곳보다 부동산 가치가 높아진다. 재미있는 사실은 지하철을 유혹하는 토지이용 색은 이미 정해져 있다는 것이고, 그 색을 찾아 최대한 가까운 곳의 부동산을 매입하면 된다는 것이다. 그 색은 무엇일까? 정답은 신도시마다 조금씩 차이는 있으나 빨강-주황-파랑(하늘)-노랑 순이며, 최근에 이보다 앞선 것은 특별계획구역으로 표시된 파란색 선이다(지역마다 차이는 있음). 다시 말해, 신도시 내의 최고의 상업시설(빨간색), 많은 일자리(파란색/하늘색) 일대에 가장 높은 주상복합(주황색)이 들어가며, 신도시 내 최고의 교통편은 반드시 그곳으로 들어가게 되어 있다. 정부는 많은 사람이 모이는 곳에 좋은 교통편을 넣게 되고, 좋은 교통편이 들어가는 곳 일대의 부동산 가격이 가장 높다는 것은 거의 공식이나 다름없다. 이 공식을 머릿속에 기억하고 3기 신도시를 공략하면 된다.

고양창릉신도시

고양창릉신도시는 고양시 덕양구, 원흥동, 동산동, 용두동, 향동동, 화전동, 도내동, 행신동, 화정동, 성사동 일원에 7,890,019㎡ (2,386천 평), 주택 35천 호, 인구 85천 명을 위해 경기도, 한국토지주택공사, 경기주택도시공사, 고양도시관리공사가 함께 추진 중인 사업이다. 고양특례시 내에 대곡 역세권 개발을 제외한 마지막남은 대규모 개발 택지로 불린다. 그러나 우려의 목소리도 상당하다. 기존 1기 신도시 고양일산, 2기 신도시 파주운정보다 서울에가까우며, GTX-A노선 등 최고의 철도 노선까지 들어서게 되면서그동안 일산 주민 중 서울 장거리 출퇴근자의 분노를 사게 됐고, 기존 1기 신도시 분당, 2기 신도시 판교에 비해 주택 가격이 턱없이 적게 올랐기에 앞으로 고양창릉신도시 입주가 본격적으로 시작되면 재산권에 추가 피해가 예상되므로 억울함을 토로한 것이다. 그러나 앞으로 창릉신도시에 분양 및 매수 의사가 있는 사람

자료 2-6. 고양창릉 광역교통계획(위), 토지이용계획(변경 가능)(아래)

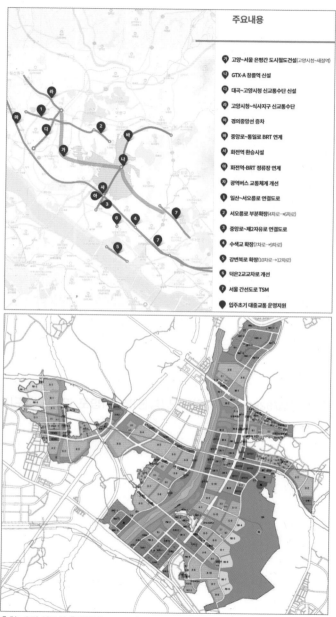

주요내용

⑦ 고양~서울 은평간 도시철도건설(고양시청~새창역)
⑨ GTX-A 창릉역 신설
⑨ 대곡~고양시청 신교통수단 신설
⑨ 고양시청~식사지구 신교통수단
⑪ 경의중앙선 증차
⑪ 중앙로~통일로 BRT 연계
⑪ 화전역 환승시설
⑪ 화전역-BRT 정류장 연계
⑪ 광역버스 교통체계 개선
❶ 일산~서오릉로 연결도로
❷ 서오릉로 부분확장(4차로→6차로)
❸ 중앙로~제2자유로 연결도로
❹ 수색교 확장(7차로→9차로)
❺ 강변북로 확장(10차로→12차로)
❻ 덕은2교교차로 개선
❼ 서울 간선도로 TSM
⬤ 입주초기 대중교통 운영지원

출처 : 3기 신도시 홈페이지

이라면 경기 서북부 중 최고의 신도시로 거듭날 곳이 분명하기에 반드시 주목해야 한다.

앞의 고양창릉 광역교통계획과 토지이용계획을 보면 앞으로 어느 곳 일대에 최고의 시설이 들어설지 이미 답은 나와 있다. 가장 먼저 특별계획구역을 찾고, 그곳에 지하철이 들어서는지 먼저 확인해보자. 정답은 광역교통계획 기준 '나'번이 들어가는 곳 일원에서 최대한 가까운 곳의 부동산을 적기에 매입하면 된다. 시행, 건설사들은 분양이 잘되는 토지를 찾아 LH와 계약하고, 분양받는 이들은 앞으로 편리한 교통, 높은 가격으로 상승될 곳을 우선순위에 두고 매수한다. GTX-A 창릉역은 창릉신도시가 만들어지기 전 구축이 완료되며, 대한민국에서 찾아보기 어려운 선 교통+후 입주의 특별한 사례로 기억될 것이다. 더불어 도심과 외곽을 잇는 급행버스, 도로 위 지하철이라고 불리는 BRT(bus rapid transit)까지 들어서기에 분양하는 자와 분양받는 자 모두를 만족시킬 곳은 단연 '나'다. 창릉신도시 내에서 두 번째로 주목할 곳은 광역교통계획상 '사' 화전역(한국항공대역) 환승시설, '아' 화전역 BRT정류장 연계, '3' 중앙로~자유로연결도로가 만들어지며 토지이용계획상 하늘색이 가장 많은 중심복합용지, 자족용지 일대다. 창릉신도시는 앞서 언급한 두 곳을 기준으로 해서 최대한 가까운 곳에 분양받는다면 고양창릉신도시 내에서 가장 고가의 거래가 계속될 것이며, 시간이 지날수록 가치가 더해지는 실패 없는 투자가 될 것이다.

남양주왕숙1, 2신도시

남양주왕숙1 신도시는 경기도 남양주시 진접읍 연평리, 내곡리, 내각리, 진건읍 신월리, 진관리, 사능리, 용정리, 송능리, 배양리, 퇴계원읍 퇴계원리 일원에 10,294,200㎡(3,114천 평), 주택 52천 호, 인구 130천 명을 위해 경기도, 한국토지주택공사, 경기도주택도시공사가 함께 추진 중인 사업이다. 광명시흥 신도시에 이어 3기 신도시 중 2번째로 큰 규모의 사업으로 왕숙 1지구를 기준으로 동쪽 진건읍, 서쪽 별내신도시, 남쪽 다산신도시, 북쪽 진접읍이 위치해 있다. 왕숙 1지구의 경우 대부분이 비닐하우스로 구성되어 소유자 중 농부가 많고, 대부분 고령층이다. 오늘날 정부는 토지수용이라는 제도를 통해 반강제적으로 지주들의 땅을 싼 값에 사들인다. 이때 발생되는 지주들의 억울함과 분노는 크지만 공공성이라는 이름으로 대부분 묻힌다. 그러한 곳이 오늘날 개발 중인 남양주 왕숙 1지구다. 공공성이라는 이름으로 2평을 보상받

자료 2-7. 남양주왕숙1 광역교통계획(위), 토지이용계획(변경 가능)(아래)

출처 : 3기 신도시 홈페이지

아 남양주 일대 1평도 사지 못하는 억울함을 사실상 정부는 귀담아 듣지 않는다. 이러한 현실은 확실히 개선이 필요한 부분이다.

남양주 일원은 어느 곳을 공략하면 될까? 남양주 왕숙의 경우에도 공식은 같다. 가장 먼저 특별계획구역 또는 파란색, 빨간색이 가장 많이 모여 있는 곳을 찾고, 이어서 철도 신설 역사를 찾는다. 그렇게 되면 '나' 경춘선 역사 신설, GTX-B 정차, '사' 경춘선 신설 역사 환승시설, '라' 서울 강동~하남~남양주 간 도시철도 9호선 연장이 한곳으로 모인다는 것을 알 수 있으며, 빨간색과 파란색은 상업용지와 업무시설용지로서 남양주 왕숙 1지구 내에 가장 멋진 중심사업시설과 일자리가 모이는 곳이기에 앞으로 사람들은 이곳에서 일하고, 먹고, 문화를 즐기게 될 것이다. 그 결과, 이곳은 남양주 왕숙 1지구 내에서 가장 고가의 부동산 시장을 유지하게 될 것이다.

남양주 왕숙 2지구도 같다. 가장 먼저 특별계획지구, 빨간색과 파란색을 찾는다. 조금 특별하게도 남양주 왕숙 2지구 같은 경우 특별계획구역이 문화복합용지와 주차장 등으로 구성되어 있다. 이어서 광역교통계획을 검토해보면 '다' 경의중앙선 역사 신설과 '라' 서울 강동~하남~남양주 간 도시철도 9호선 연장이 한곳으로 모이는 사거리가 정답이며, 그 맞은편의 진한 주황색으로 된 주상복합용지를 주목해서 분양받는 것이 좋다.

자료 2-8. 남양주 왕숙2 광역교통계획(위), 토지이용계획(변경 가능)(아래)

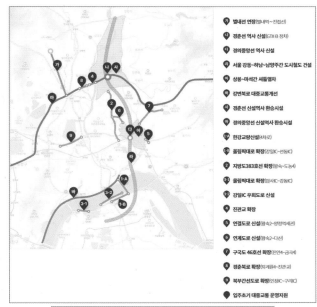

- 🚉 별내선 연장(별내역~진접선)
- 🚉 경춘선 역사 신설(GTX-B 정차)
- 🚉 경의중앙선 역사 신설
- 🚉 서울 강동~하남~남양주간 도시철도 건설
- 🚉 상봉~마석간 셔틀열차
- 🚉 강변북로 대중교통개선
- 🚉 경춘선 신설역사 환승시설
- 🚉 경의중앙선 신설역사 환승시설
- ① 한강교량신설(4차로)
- ① 올림픽대로 확장(강일IC~선동IC)
- ② 지방도383호선 확장(왕숙~도농사)
- ③ 올림픽대로 확장(암사IC~강동IC)
- ④ 강일IC 우회도로 신설
- ④ 진관교 확장
- ⑤ 연결도로 신설(왕숙2~양정역세권)
- ⑥ 연계도로 신설(왕숙2~다산)
- ⑦ 구국도 46호선 확장(진연4~금곡4)
- ⑧ 경춘북로 확장(퇴계원4~진관교)
- ⑨ 북부간선도로 확장(인창IC~구리IC)
- ● 입주초기 대중교통 운영지원

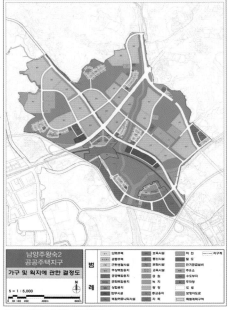

출처 : 3기 신도시 홈페이지

부천대장신도시는 경기도 부천시 대장동, 오정동, 원종동, 삼정동 일원에 3,449,243m^2(1,043천 평), 주택 19천 호, 인구 44천 명을 위해 경기도, 한국토지주택공사, 부천도시공사가 함께 추진 중인 사업이다. 사실상 행정구역만 다를 뿐이지, 인천계양신도시와 여러 가지 인프라를 함께 공유하기에, 하나의 신도시 개발로 보는 것이 옳다. 3기 신도시 중 가장 빠르게 사업이 진행되는 부천대장신도시는 처음 발표된 지 어느덧 5년이 다 되어가고 있다. 입주 시기를 2027년 하반기로 발표했으나, 이대로라면 맞추지 못할 가능성이 크다. 뿐만 아니라 다른 신도시에 비해 입지(강남 접근성)와 교통 면에서 우선순위에서 밀리다 보니 미분양에 대한 목소리가 벌써 들리는 곳이다. 물론 GTX-D노선에 대해 언급은 되지만, 이 또한 언제 착공할지 사실상 미지수다.

3기 신도시 중 인기가 적은 편이라고 해도 부천대장신도시를 만

자료 2-9. 부천대장 광역교통계획(위), 토지이용계획(변경 가능)(아래)

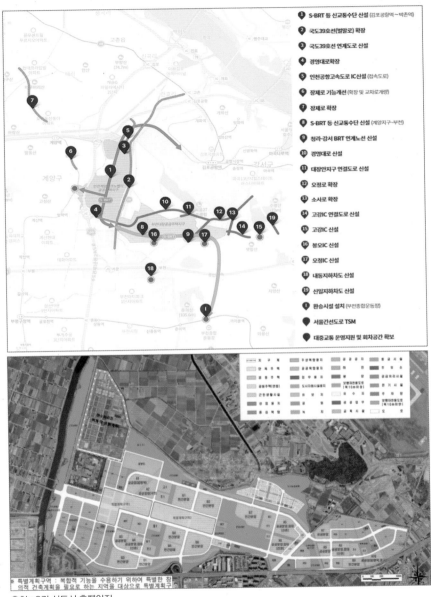

1. S-BRT 등 신교통수단 신설 (김포공항역~박촌역)
2. 국도39호선(벌말로) 확장
3. 국도39호선 연계도로 신설
4. 경명대로확장
5. 인천공항고속도로 IC신설 (접속도로)
6. 잠재로 기능개선 (확장 및 교차로개량)
7. 잠재로 확장
8. S-BRT 등 신교통수단 신설 (계양지구~부천)
9. 청라-강서 BRT 연계노선 신설
10. 경명대로 신설
11. 대장안지구 연결도로 신설
12. 오정로 확장
13. 소사로 확장
14. 고강IC 연결도로 신설
15. 고강IC 신설
16. 봉오IC 신설
17. 오정IC 신설
18. 내동지하차도 신설
19. 산일지하차도 신설

- 환승시설 설치 (부천종합운동장)
- 서울간선도로 TSM
- 대중교통 운영지원 및 회차공간 확보

출처 : 3기 신도시 홈페이지

들어 놓으면 시간이 지나 사람들로 가득 차게 된다. '이렇게 많은 집에 사람이 다 살기는 할까?' 했던 모든 곳이 다 그랬다. 그렇다면 부천대장신도시 내에서 가장 많은 인구가 몰리고 가치가 높은 지역은 어디일까?

가장 먼저 특별계획구역을 찾고, 지하철 및 BRT 등 좋은 교통편을 찾는다. 이번 부천대장신도시 같은 경우 S-BRT(Super-BRT) 노선이 신설되며, 일반 BRT와의 가장 큰 차이점은 일반 도로와 분리된 전용도로 통행 및 교차로 입체화, 우선 신호체계화 등 차별화된 시스템 적용으로 지하철처럼 정해진 시간에 도착하는 버스 노선이라는 것이다. S-BRT가 완성되면 지상 위에서 약속한 시간과 장소에서 만날 수 있는 신개념 도로 위 지하철이라고 할 수 있다. 부천대장신도시는 '8' S-BRT 등 신교통수단 신설(계양지구 ~부천)이 유일한 혁명 교통망이라고 할 수 있다. 대장 신도시 입주민은 S-BRT를 타고 북쪽으로는 김포공항역(5호선, 9호선, 공항철도, 대곡~소사선, 김포골드라인 등)으로 이동해서 환승이 가능하고, 남쪽으로는 부천종합운동장(7호선, 서해선, GTX-B, D)으로 환승이 가능하다. 그러나 발표 이후 부천시민들의 항의와 우려가 계속되자 2021년 6월 29일 제4차 국가철도망에 대장~홍대선 라인이 결정됐고, 2023년 2월 기준 ㈜서부광역메트로 현대건설컨소시엄이 선정되어 협상 착수 중이다. 대장홍대선은 2025년 착공, 2031년 개통을 목표로 하며, 부천대장신도시의 최대 희소식이라고 할 수 있다.

자료 2-10. 대장~홍대선 노선도

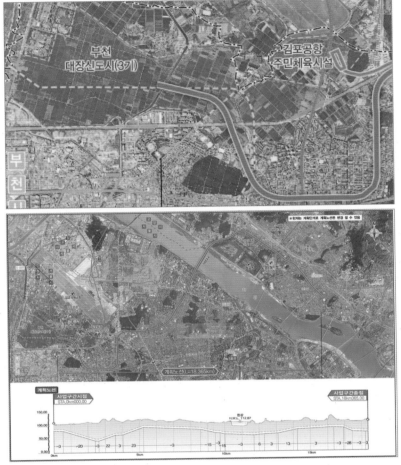

출처 : 국토교통부

　대장신도시의 토지이용계획+철도계획+S-BRT 등을 종합해보
면 민간 분양 B1, B2, B4, B,5, B6 등을 눈여겨봐야 할 것이다. 그
일대는 시간이 지난 후 대장신도시 내에서 최대 가치를 자랑하는
곳이 될 것이 분명하다.

인천계양신도시

인천계양신도시는 인천광역시 계양구 귤현동, 동양동, 박촌동, 병방동, 상야동 일원에 3,330,409m^2(1,008천 평), 주택 17천 호, 인구 41천 명을 위해 인천광역시, 한국토지주택공사, 인천도시공사가 함께 추진 중인 사업이다. 앞선 부천 대장신도시와 행정구역만 다를 뿐이지, 김포신도시와 여러 가지 인프라를 함께 공유하기에, 하나의 신도시 개발로 보는 것이 옳다. 3기 신도시 중 2022년 11월 15일 가장 먼저 삽을 뜬 신도시로, 서울 주택 수요 분산과 인천 북부권 첨단산업 생태계 조성을 위해 만드는 신도시다. 인천계양신도시는 최초에 철도 계획이 없었고, 오늘날 3기 신도시 홈페이지에도 철도 라인은 표기되어 있지 않으나, 이후 GTX-D노선이 언급됐다. 하지만 이 또한 변경 가능한 부분으로 상황은 지켜봐야 한다. 더불어 불과 4km 서쪽의 검단신도시가 미분양되는 분위기로, 인천주민들은 부천대장, 인천계양신도시가 그다지 반갑지 않은 상황이다. 인천계양신도시의 가장 큰 핵심 교통편 중 하나는 오늘날 세상에 없던 UAM(Urban Air Mobility) 노선이다. UAM은 뒤에서 자세히 설명하겠지만, 쉽게 말해 하늘을 날아다니는 자동차로 불리는 도심항공교통이다. 이 UAM 정거장 하나가 인천계양신도시 특별계획 1구역 안에 들어선다는 것이다. 시간이 지나면 세상에서 도심 내 최고 빠른 노선이 될 것임에 틀림없으며, 현대자동차 등 많은 기업들이 개발에 집중 투자 중이다. 그럼 계양신도시 중 가장 주목해야 할 지역은 어느 곳일까?

자료 2-11. 인천계양 광역교통계획(아래), 토지이용계획(변경 가능)(206페이지 상단)

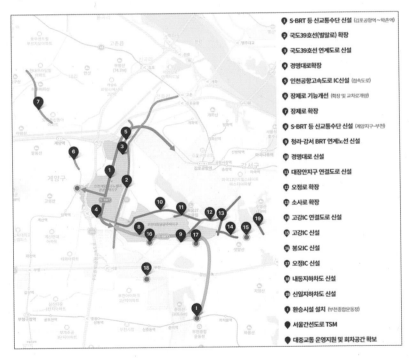

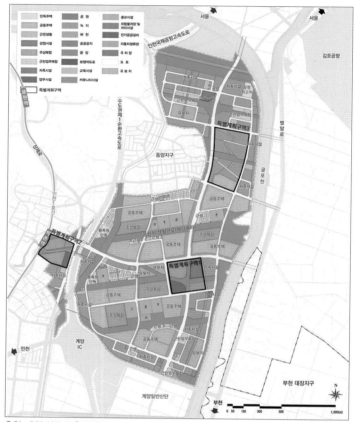

출처 : 3기 신도시 홈페이지

　공식은 같다. 광역교통계획 기준 '1' S-BRT 노선이 다니며, 특별계획구역, 빨간색, 파란색(위 토지이용계획은 보라색으로 표시됨)이 가장 많이 모여 있는 곳을 찾아보면 총 2개 권역을 발견할 수 있다. 마지막으로 UAM 노선과 GTX-D노선이 들어가는 곳을 검토해보면 정답은 '특별계획 1구역'이 나온다. 앞으로 인천계양신도시에 거주하는 주민은 UAM 하늘 노선을 타고 하늘을 누비게 될 것이며, S-BRT를 타고 북쪽으로는 김포공항역(5호선, 9호선, 공항철도, 대곡~소사선, 김포골드라인 등), 남쪽으로는 부천종합운동장(7호선, 서해선, GTX-B), 김포대장신도시에서 홍대대장선을 이용해서 서울 중심부까지 빠르게 이동 가능하며, GTX-D노선 개통 시 경기권 어디든 빠르게 이동 가능하게 될 것이다. 앞으로 3기 신도시 중 가장 빠르게 개발될 인천계양신도시는 반드시 주목해야 할 곳임에 틀림없다.

자료 2-12. 인천계양신도시 UAM 노선도(위),
　　　　　인천계양신도시 UAM 특별계획구역(아래)

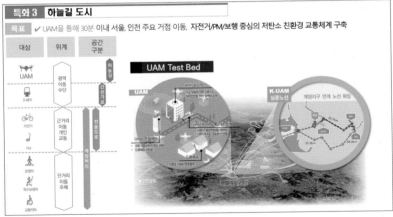

출처 : 국토교통부, 인천도시공사

하남교산신도시

하남교산신도시는 경기도 하남시 천현동, 향동, 하사창동, 교산동, 상사창동, 춘궁동, 덕풍동, 창우동, 상산곡동, 광암동, 초일동, 초이동 일원에 $6,862,463\,m^2$(2,076천 평), 주택 33천 호, 인구 78천 명을 위해 경기도, 한국토지주택공사, 경기도주택도시공사, 하남도시공사가 함께 추진 중인 사업이다. 강남에서 가장 가깝고, 빠르게 이동 가능한 신도시가 과거 높은 가격으로 부동산 가격이 상승했었다는 선 교육을 받은 많은 국민들이 이번 3기 신도시 최초 발표 지역인 5곳(하남교산, 남양주왕숙, 고양창릉, 부천대장, 인천계양) 중 가장 많이 선호한 지역이 하남이다. 더욱이 하남시에 최근 만들어진 미사신도시 부동산 가격의 폭등을 지켜본 결과 선호도는 더욱 높아졌다. 하남교산신도시의 가장 강력한 장점은 3호선 연장과 하남드림휴게소 복합환승센터다. 먼저 3호선 연장은 오늘날 송파 오금역까지 연결된 노선으로 감일지구에 1개 역사를 거

자료 2-13. 하남교산 광역교통계획(위), 토지이용계획(변경 가능)(아래)

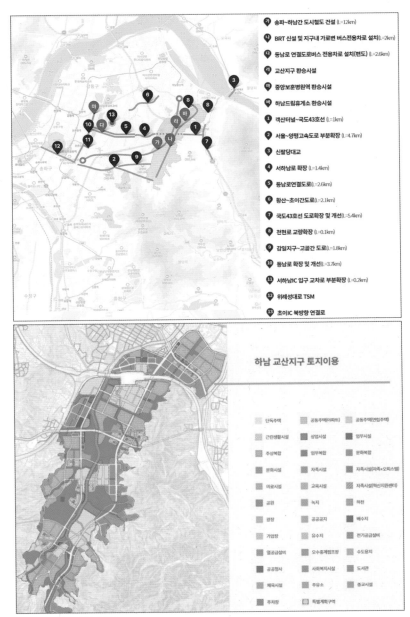

- 🚇 송파~하남간 도시철도 건설 (L=12km)
- 🅝 BRT 신설 및 지구내 가로변 버스전용차로 설치(L=2km)
- 🅓 동남로 연결도로버스 전용차로 설치(편도) (L=2.6km)
- 🅐 교산지구 환승시설
- 🅑 중앙보훈병원역 환승시설
- 🅑 하남드림휴게소 환승시설
- ① 객산터널~국도43호선 (L=1km)
- ② 서울~양평고속도로 부분확장 (L=4.7km)
- ③ 신팔당대교
- ④ 서하남로 확장 (L=1.4km)
- ⑤ 동남로연결도로(L=2.6km)
- ⑥ 황산~초이간도로(L=2.1km)
- ⑦ 국도43호선 도로확장 및 개선(L=5.4km)
- ⑧ 천현로 교량확장 (L=0.1km)
- ⑨ 감일지구~고골간 도로(L=1.8km)
- ⑩ 동남로 확장 및 개선(L=3.7km)
- ⑪ 서하남IC 입구 교차로 부분확장 (L=0.2km)
- ⑫ 위례성대로 TSM
- ⑬ 초이IC 북방향 연결로

하남 교산지구 토지이용

단독주택 / 공동주택(아파트) / 공동주택(연립주택)
근린생활시설 / 상업시설 / 업무시설
주상복합 / 업무복합 / 문화복합
문화시설 / 자족시설 / 자족시설(자족+오피스텔)
의료시설 / 교육시설 / 자족시설(혁신지원센터)
공원 / 녹지 / 하천
광장 / 공공공지 / 배수지
가압장 / 유수지 / 전기공급설비
열공급설비 / 오수중계펌프장 / 수도용지
공공청사 / 사회복지시설 / 도서관
체육시설 / 주유소 / 종교시설
주차장 / 특별계획구역

출처 : 3기 신도시 홈페이지

처 하남신도시 내에 3개 역사(가칭 충궁역, 교산역, 신덕풍역)를 지나 5호선 하남시청역까지 연결되는 연장사업이다. 해당 노선은 2018년 12월 확정됐고, 개통 예정일은 2028~2030년으로 보고 있다. 개통이 완료되면 하남시청역에서 20분이면 수서역, 33분이면 양재역, 41분이면 강남 고속터미널까지 이동이 가능하기에 강남으로 직통 연결이라는 대단한 장점을 가지게 된다.

뿐만 아니라 하남교산신도시 내에 세상에 없던 환승형 복합휴게시설이 만들어질 예정이다. 이름은 '하남드림휴게소 환승형 복합휴게시설'로 2027년 완공될 예정이다. 한국도로공사 주관 롯데 GRS, 동부건설, 신한은행, KH에너지 등과 컨소시엄을 맺고 1,017억 원의 공사비 투자를 약속했다. 대지 면적 7만 8,000㎡에 건축 면적 134만 9,846㎡ 1층~지상 4층 '복합휴게시설＋환승센터＋도

자료 2-14. 하남교산신도시 드림휴게소 복합환승센터 조감도

출처 : 한국도로공사

시연결'이라는 컨셉으로 만들어질 예정이다.

이는 지하철 환승+중부고속도로+UAM(Urban Air Mobility)이 집약되는 시설로서, 하남교산신도시의 관문과 랜드마크로 자리매김할 예정이다.

그렇다면 하남교산신도시 내에서 앞으로 많은 사람들이 선호함으로써 가장 가치가 높아질 곳은 어디일지 검토해보자. 먼저 광역교통계획을 살펴보면 '가' 송파~하남 간 도시철도 건설(12km)과 '나' BRT 신설 및 지구 내 가로변 버스전용차로 설치(2km)가 겹치는 지역이 있고, 토지이용계획을 보면 특별관리 구역으로 회색+빨간색 테두리를 찾을 수 있다. 다음으로 빨간색이나 주황색이 가장 많이 몰려 있는 곳과, 앞의 드림휴게소 복합환승센터 및 보라색 자족시설 일자리 타운이 만들어질 곳을 모두 겹쳐보면, 정답이 드림휴게소 일대 주상복합타운 및 주거시설이라는 것을 알 수 있다. 꾸준히 GTX 노선 유치를 위해 여러 가지 명분을 만드는 하남시는 하남교산신도시 내에 GTX를 유치한다면 반드시 이곳으로 넣게 되어 있다.

앞으로 만들어질 3기 신도시 중 교산신도시는 앞과 같은 이유로 가장 많은 사람이 선호하는 지역이 될 것이며, 오늘날 가장 가치가 높은 판교역 일대의 주거시설보다 더욱더 높은 가격으로 올라갈 가능성이 큰 곳이다.

"어떻게 판교보다 더 비싸지겠느냐?" 할 수도 있겠지만, 뒤에 〈판교 이상 오를 그곳! 하남을 주목하라!〉라는 별도의 제목으로 일대 움직임이 어떻게 흘러가는지 서술해두었으니 참고하길 바란다. 앞으로 하남교산신도시, 일자리 개발 등 부동산 흐름과 맥을 잘 파악한다면, 개인 자산 증식에 도움이 될 것으로 생각된다.

광명시흥신도시

광명시흥신도시는 경기도 광명시 광명동, 옥길동, 가학동, 노온사동, 시흥시 과림동, 무지내동, 금이동 일원에 1,271만m^2(384만평), 70,000세대, 16만 명을 위한 택지 개발로, 3기 신도시 중 가장 크며, 여의도 면적의 4배에 해당한다. 2010년 광명시흥 보금자리지구로 지정됐으나, 부동산 경기침체에 따른 수익성 약화로 2015년에 해제된 바 있다. 이후 2021년 11월 28일 국토교통부는 수도권 주택 공급 확대 방안의 일환으로 주택 시장 및 서민 주거 안정을 위해 광명시흥신도시를 발표했다. 광명과 시흥이 함께 준비하는 'Dual Hub City+Compact-city'라는 개발 방향을 목표로 일자리·교육·문화 등 정주 환경을 우선으로 하는 대규모 공공주택지구 개발이다.

교통 면에서도 크게 개선될 예정이다. 서울 도심으로 20분대 진입이 가능하도록 광명시흥을 가로지르는 도시철도를 신설해

자료 2-15. 광명시흥 광역교통계획(위), 토지이용계획(변경 가능)(아래)

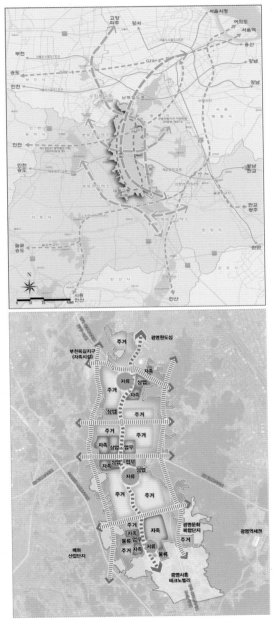

출처 : 국토교통부

GTX-B(신도림역, '30년 개통 예정)와 연결하는 철도중심의 대중교통체계를 구축할 예정이다. 지구와 주변을 연계하는 도로의 신설·확장 등 광역교통 개선 대책을 신속히 마련해서 서울과 인근 도시로의 대중교통 및 광역 접근성 향상을 우선으로 하는 교통이 편리한 도시가 조성된다.

광명시흥신도시를 기준으로 일대 철도망은 동쪽으로 1호선, 경부선 KTX 광명역, 서쪽 신안산선 매화역(2027년 예정), 남쪽 신안산선 학온역(2027년 예정), 북쪽 7호선 광명사거리역, GTX-B+2호선 신도림역이 위치한다. 국토교통부는 광명시흥신도시 중앙을 종(縱)으로 가로질러 연결하는 도시 내 철도를 만들 것이며, 이를 통해 신안산선 학온역, 7호선 광명사거리역, GTX-B노선 등과 환승을 통해 편리한 이동이 가능하도록 하겠다는 계획이다. 더불어 동-서를 가르는 신설 도로교통망 구축을 통해 신안산선 매화역-광명시흥신도시-KTX 광명역과 연결하려 했으나, 최근 광명시흥신도시의 횡(橫)을 가로지르는 철도 노선에 대한 강한 요구가 지속되는 가운데, 2023년 12월 22일 경기도에 제5차 국가철도망 구축계획에 반영되기를 건의했다.

그렇다면 광명시흥신도시 내에서 앞으로 가장 높은 가격을 자랑하는 곳은 어디가 될까? 토지이용계획 중 빨간색 상업시설과, 보라색 자족시설이 가장 많이 몰려 있고, 광역교통계획 중 광명시흥신도시 종(橫)을 가로지르는 철도 노선이 선설되는 그곳을 찾으면 된다. 더불어 최근 국토교통부에서 발표한 광명시흥지구 미래 모빌리티 특성화 공간 및 인프라 계획 중 복합환승센터가 들어서

자료 2-16. 광명시흥신도시 철도망과 바이오메디컬 클러스트, 복합환승센터 개발

신천 – 하안 – 신림선
제5차 국가철도망 반영 노선도

신천-신림선 공동 추진을 위한 협약

광명시흥 바이오메디컬 클러스트 조성 방안 토의

광명시흥신도시 모빌리티 특성화 및 복합환승센터 개발

출처 : 광명시청 홈페이지, 국회의원 양기대, 국토교통부

는 그곳이 앞으로 광명시흥신도시의 심장부가 될 것이며, 일대 부동산의 가치가 가장 크게 상승된다. 그와 연계된 가장 가까운 곳의 부동산 매입을 추천한다.

소규모 택지 개발

1. 김포한강2

　김포한강2 신도시는 김포시 마산동, 운양동, 장기동, 양촌읍 일원에 7,310,502㎡(2,211천평), 주택 46,000세대, 인구 103,500명을 위한 신도시다. 이번에 개발되는 3기 김포한강신도시는 2기 김포한강신도시와 연계되는 개발로, 일대 김포양곡지구, 장기지구, 감정 1지구, 김포한강2 신도시 등이 위치해 있고, 그 중앙에 다음 사진과 같이 위치하게 된다. 김포시는 그간 서울과 연접한 지리적 이점에도 불구하고 광역교통 대책이 부족해 도시철도 등 대중교통을 활용해서 서울 도심으로 접근하기가 어려운 측면이 있었다. 수도권 서부 지역의 대표적인 지역현안사업으로 꼽혔던 서울 5호선 연장 등 광역교통 확충을 본격적으로 추진해서 지역의 심각한 교통난을 근본적으로 해결하며, 나아가 김포골드라인 혼잡도

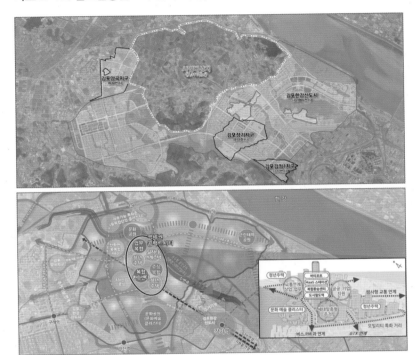

출처 : 국토교통부

를 낮춰 사고를 예방할 계획이다.

　김포한강신도시 생활권 사이에 김포한강2 공공주택지구를 지정함으로써 기존 신도시가 지리적으로 분절된 점을 보완함과 동시에 광역교통, 자족시설 등을 도입해서 수도권 서부지역의 스마트 자족도시로 발전될 예정이다. 'Compact & Network'라는 역세권 콤팩트시티 개념을 적용해서 철도역을 중심으로 도시 기능을 압축해 개발하고, 주변 부지에서도 역 접근이 쉽도록 교통 네트워크를 연계 구축할 계획이다. 콤팩트시티의 기본 개념은 광역교통과 연계를 통해 고밀·복합하는 신도시를 말한다. 김포한강2

신도시는 지리적 이점을 적극 활용해서 기존에 없던 김포 시내의 교통편을 획기적으로 바꿔 놓을 예정이다. 공항(김포·인천), GTX(장기역), 도시철도(5호선 신설), 고속도로 IC, 한강변 등 지리적 이점을 활용하고, 자율차, UAM(도심항공교통) 등 미래형 교통체계를 접목시켜 모빌리티 시대를 선도하는 특화(수평) GTX 장기역-5호선역(신설) 간 연계, (수직) 5호선 역과 연계한 UAM 활용 등도 검토하고 있다.

자료 2-18. 국토교통부 광역교통망 및 미래도시계획

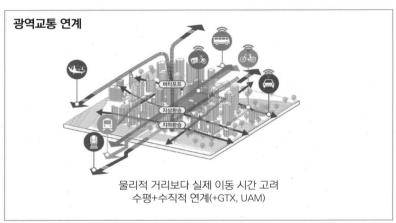

광역교통 연계

물리적 거리보다 실제 이동 시간 고려
수평+수직적 연계(+GTX, UAM)

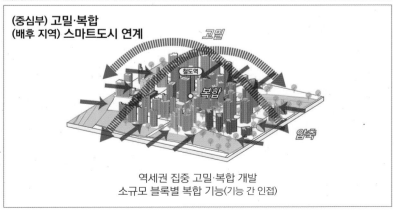

(중심부) 고밀·복합
(배후 지역) 스마트도시 연계

역세권 집중 고밀·복합 개발
소규모 블록별 복합 기능(기능 간 인접)

출처 : 국토교통부

    3기 김포한강2 신도시 중 가장 가치가 높은 지역은 답이 나왔다. 역세권 콤팩트시티라는 이름으로 일대에 일자리+문화예술, 복합환승센터, 버티포트, 상업업무시설 등이 앞으로 지역 내 가장 많은 사람이 몰리는 랜드마크가 될 것이다. 그곳 일대를 선점하는 것이 옳다.

    국토교통부는 2023년 11월 15일 주택공급 활성화 방안의 후속 조치로 중장기 주택공급 기반 확충을 위해 주택 수요가 풍부한 경기권 6만 5,000호를 발표했다. 수도권은 서울 도심 인접, 철도 역세권, 첨단산업단지 인근 등 입지가 우수한 구리토평2(1.85만 호)·오산세교3(3.1만 호)·용인이동(1.6만 호)다.

2. 구리토평2

구리토평2(1.85만 호)는 교문동·수택동·아천동·토평동 일대 292만㎡(88만 평) 택지 개발사업이다. 한강 조망으로 특화하고 수변여가, 레저 공간을 활용할 수 있는 '리버프론트 시티(riverfront city)'로 만든다는 계획이다. 더불어 구리토평2와 연계한 교통편으로 철도역(상봉·망우·장자호수공원) 연결 대중교통망 구축, 광역도로(강변북로, 세종포천고속도로)와 연계를 강화해서 '고품격 주거·신산업·레저가 어우러진 도시'라는 개발 콘셉트로 멋진 신도시를 만든다는 계획이다. 구리시는 서울 주민들의 주택 수요가 높은 지역이다. 특히 광진구, 중랑구와 매우 가깝고 구리암사대교, 강동대교 등 한강 다리 하나만 넘으면 강동구와 하남이 바로 연결된다. 그 결과 메가시티 서울 편입 등 언제나 부동산 관련 이슈가 많은 곳이다.

자료 2-19. 구리토평2 토지이용계획(좌), 구리토평 광역교통망(우)

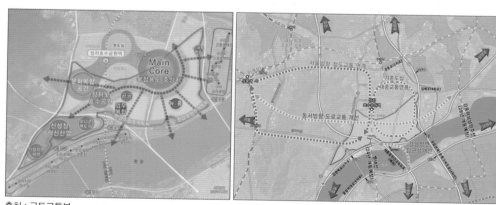

출처 : 국토교통부

3. 오산세교3

　오산세교 3(3.1만 호)지구는 가수동, 가장동, 궐동, 금암동, 누읍동, 두곡동, 벌음동, 서동, 탑동 일원에 조성되는 433만㎡(131만 평) 규모의 택지 개발사업이다. 사실 해당 지역은 지난 2011년 한국토지주택공사(LH)가 '수익성이 떨어진다'는 이유로 선정했다가 취소한 바 있으며, 이번 11월 15일 신규 택지로 재선정됐다. 오산세교3 개발의 가장 큰 이유는, 대한민국 먹거리사업 NO.1인 반도체의 메가 클러스터 배후 도시이기 때문이다. 오산세교3 신규 택지 주변은 반응이 이미 뜨겁다. 가장 1, 2, 3지구 및 정남지구 등 산업단지가 분포해 있으며, 지하철 1호선 오산역, 오산IC(경부고속도로, 2.4㎞), 향남IC(평택파주고속도로, 3.2㎞) 등 간선 교통시설이 가깝다. 특히 제4차 국가철도망 구축계획에 반영된 오산~기흥분당선 연장은 오산세교3에 가장 큰 호재라고 할 수 있다. 이에

자료 2-20. 오산세교3 토지이용계획(아래)과 오산세교3 광역교통망(222페이지 상단)

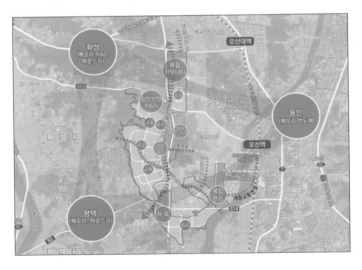

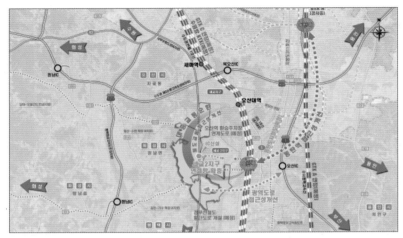

출처 : 국토교통부

따라 향후 분당·강남권 접근성 향상 및 출퇴근이 크게 개선될 전
망이다. 뿐만 아니라 오산역 GTX를 연계한 대중교통을 신설하겠
다는 포부는 있으나, 현실적으로 동탄 또는 지제만큼 엄청난 일
자리와 많은 인구가 거주하지는 않는 상황으로 현실적으로는 어
렵다는 평이다.

대신 GTX-A노선이 오늘날 동탄까지 계획되어 있지만, 향후 지
제역 복합환승센터까지의 연장이 어느 정도 가시권에 들어오며
개통이 완료되면 서울뿐 아니라 SRT를 이용한 지방 어디든 편하
게 이동 가능하다.

4. 용인이동

용인이동(1.6만 호)은 용인시 처인구 이동읍 덕성리, 천리, 묵리, 시미리 일원에 288만m^2(69만 평), 1만 6,000호 규모의 택지지구사업이다. 반도체 국가산단 배후 주거단지로 상업, 레저, 교육 기능을 강화한 '직주락(Work·Live·Play) 하이테크시티'로서 스마트시티 기술이 도입될 예정이다. 이를 위해 용덕저수지~송전천으로 연계되는 수변공간을 중심으로 주변 체육시설과 연계해서 친여가 특화단지(스포츠, 낚시, 레저 등)로 조성할 예정이다. 오늘날 용인이동 지역과 직접적으로 연결되는 철도망과 정확한 교통편은 없다. 그러나 앞으로 동탄역(SRT~수도권광역급행철도(GTX)-A)~용인 첨단 반도체 국가산단~SK하이닉스 용인 반도체 클러스터

자료 2-21. 용인이동 토지이용계획(아래)과 용인이동 광역교통망(224페이지 상단)

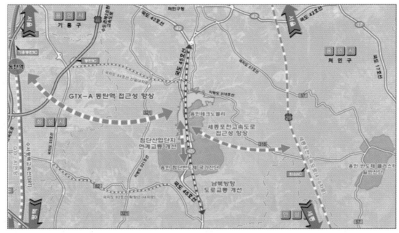

출처 : 국토교통부

를 연결하는 동서 간 도로교통망, 용인 도심~용인 첨단 반도체 국가산단을 연결하는 남북 간 도로교통망 등을 확충할 계획이다. 또한 세종-포천 고속도로와 연결성을 강화하는 등 주요 거점 지역을 연결하는 교통체계를 구축할 계획이다. 삼성전자가 300조 원 투자 및 직접 고용 3만 명, 하이닉스는 120조 원 투자 및 직접 고용 1만 7,000명을 약속한 이상 일대는 앞으로 수원, 동탄, 지제 등과 같은 대규모 택지 개발이 약속된 곳이라고 할 수 있다. 더불어 중앙정부에서 추진하는 사업으로, 오늘날 없던 철도계획도 추가 반영될 가능성이 크다.

PART

03

세상에 없던 교통편,

UAM을 주목하라!

UAM이란 무엇인가?

    도심항공교통(都心航空交通, Urban Air Mobility, UAM)은 항공기를 활용해서 사람과 화물을 운송하는 도시교통체계를 말한다. 미국 모건스탠리 보고서에 의하면, UAM의 미래 시장 규모는 초기 상용화 시점인 2025년 109억 달러(14조 원), 2030년 615억 달러(81조 원)로 급성장해 2040년에는 6,090억 달러(801조 원)를 전망할 만큼 대단한 잠재력을 지니고 있다. 국토교통부에 따르면 전세계 UAM 관련 기업은 800여 곳으로 파악된다. 국토교통부는 우리나라의 경우 2040년까지 국내 UAM 시장 규모 13조 원, 생산 유발 효과 23조 원, 부가가치는 11조 원에 이르고, 일자리 창출만 16만 명에 달할 것으로 예상한다. UAM 시장을 이끄는 주요국은 미국, 영국, 프랑스, 일본 등이 있다.

    2023년 11월 미국 뉴욕에서 최초로 조비에비에이션(Joby Aviation)이 조종사 1명과 승객 4명을 태우고 최고 속력 320km/h

로 시험 운행을 보였는데, 이는 차량으로 40분 이상 걸리는 맨해튼 남부에서 존F케네디 국제공항까지 7분 만에 갈 수 있는 속도다. 전기를 동력으로 한 무소음 항공 택시가 뉴욕 상부에 운행되는 것은 처음 있는 일이었기에 그 의미가 크다. UAM의 가장 큰 장점은 기존 헬리콥터 같은 큰 소음 없이 매우 조용히 운행되며, 수직 이착륙이 가능하기에 어느 곳에서든 공간만 허용된다면 자유롭게 이착륙이 가능하고, 환경오염이 없다는 것이다. 국가별로 주목받는 기업은 미국의 조비에이에이션, 아처에비에이션(Archer Aviation), 독일의 볼로콥터(Volocopter), BMW, 중국의 이항(EHang), 일본의 토요타(Toyota), 이탈리아–미국 합작 기업 스텔란티스(Stellantis) 등이 있다. 미국 라스베이거스에서 열리는 세계 최대 규모의 소비자 가전쇼 CES2024에 현대자동차 그룹이 참석해서 2028년 상용화를 목표로 하는 구체적인 계획을 밝히기도 했다.

자료 3-1. 현대자동차 그룹(좌), 조비에비에이션(중), 아우디+에어버스 합작(우)

출처 : 현대자동차 그룹, 페이스북, 아우디

대한민국에서 세상에 없던 교통편이 하나씩 더해질 때마다 일대 부동산 가격은 출렁인다. 최근 부동산 가격과 함께 등장했던 단어인 GTX를 기억할 것이다. 우리는 GTX가 들어가는 곳은 어김없이 부동산 가격이 크게 오르고, 부동산 지각변동을 일으켰다는 것을 이미 교육받았다. 이처럼 앞으로 UAM이라는 세상에 없던 교통편이 들어서는 곳이 어디인지, 부동산 컨트롤타워인 국토교통부는 어떤 계획을 가지고 있는지, UAM 정류장이 어디에 들어서는지 등에 대한 내용은 자산 증식을 위해 공부할 필요가 있다. 많은 사람들은 GTX가 2009년 4월부터 계획된 사업이라는 것을 알지 못한다. 최초 현대산업개발 컨소시엄은 2009년 4월 30일 총 투자비 12조 원 규모의 수도권고속직행철도(GTX)사업을 국토해양부(오늘날 국토교통부)에 민간투자사업(BTO)으로 제안했다. 당시 계획은 2011년 착공, 2016년 개통을 목표로 했으나, 약 10년 정도 지난 오늘날 GTX-A노선 개통을 앞두고 B, C노선 등이 착공에 들어가는 것을 보면, 지금쯤 UAM을 공부하는 것은 아주 바람직하다고 할 수 있다.

국토교통부는 지난 2023년 9월 13일 도심항공교통(UAM) 전용 항공지도를 AIM 항공정보통합관리 사이트를 통해 출시했고, 2023년 12월 26일 K-UAM 사용화 카운트다운에 대한 계획을 발표했다. 이처럼 빠르게 진행되는 UAM 정류장은 어디에 만들어질까?

자료 3-2. UAM 항공지도 및 계획

UAM 전용 항공지도 출시

UAM 국토교통부 2024 계획

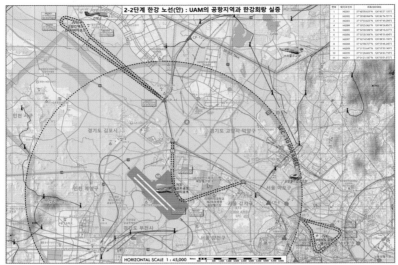

UAM 항공지도

단계적 실증계획

출처 : 국토교통부

UAM 역세권
어디인가?

지역별 버스가 모이는 곳을 버스터미널, 지하철이 멈추는 곳을 역세권이라고 부른다면, UAM 정거장은 버티포트(verti-port)라 부른다. 버티포트는 지하철역이나 버스처럼 선로나 노선이 필요 없어 비교적 예산이 적게 드는 장점이 있으나, 한 번에 많은 사람이 이동하는 것이 어렵다는 단점이 있다. 그렇지만 어느 교통편보다 빠르기 때문에 바쁜 현대인에게 엄청난 수요를 불러올 노선임에는 틀림없다. 버티포트는 앞으로 도시별 핵심 권역에 지하철, GTX, PM(Personal Mobility), 자율주행차 등과 연계해서 개발될 예정이며, 다음 7개 권역을 비롯해서 앞으로 많은 버티포트가 도시별 핵심 권역마다 만들어질 예정이다.

자료 3-3. 인천 드론 전용 비행장(좌), 인천 드론시험 인증센터 정류장(우)

인천 서구 정서진로 194-1 일원(인천 드론 전용 비행장+청라국제신도시+인천검암역세권 개발)
출처 : 인천시청 홈페이지, 항공정보통합관리시스템

자료 3-4. 인천광역시 UAM 노선도(좌), 인천계양신도시 UAM 버티포트(우)

인천계양신도시 박촌동 263-5 일원(인천계양신도시)
출처 : 인천시청 홈페이지, 항공정보통합관리시스템

자료 3-5. 고양 드론 앵커센터(좌), 고양킨텍스 UAM 버티포트(우)

경기 고양시 일산서구 대화동 2707 일원(킨텍스)
출처 : 고양시청 홈페이지, 항공정보통합관리시스템

자료 3-6. 김포공항 UAM 복합환승센터 조감도(좌), 김포공항 UAM 버티포트(우)

서울 강서구 공항로 1373 일원(김포공항 복합환승센터)
출처 : 국토교통부, 항공정보통합관리시스템

자료 3-7. 여의도 문화의 마당(좌), 여의도 UAM 정류장(우)

서울 영등포구 여의도동 2 일원
출처 : 카카오맵 로드뷰, 항공정보통합관리시스템

자료 3-8. 잠실한강공원 헬기장(좌), 잠실 UAM 정류장(우)

서울 송파구 잠실동 1-1 일원(영동대로 복합환승센터)
출처 : 카카오맵 로드뷰, 항공정보통합관리시스템

자료 3-9. 수서역 공영주차장(좌), 수서역 UAM 정류장(우)

서울 강남구 수서동 735 일원
출처 : 카카오맵 로드뷰, 항공정보통합관리시스템

자료 3-10. 현대건설 컨소시엄 버티포트 컨셉디자인

출처 : 현대건설

UAM이 불러올 미래 부동산 시장은?

　서울과 경기도 인구수를 더하면 오늘날 대한민국 인구수의 절반 가까이 된다. 이토록 많은 인구가 몰리는 결정적인 이유를 꼽자면 일자리가 많아서다. 삼성, SK, 현대 등 대기업이 경기도권에 천문학적인 예산 투자를 결정하고 있으며, 경기도권의 3기 신도시 개발로 도심 속 인구는 앞으로 더욱더 폭증할 전망이다.

　그러나 아이러니하게도 사람들은 도심에서 생활하지만 주말에는 가족, 연인과 함께 차량을 이용해서 자연을 보러가기를 원하고, 도심 속을 벗어나기를 원한다. 따라서 최근에 자연을 찾는 사람들이 많아지고 있다.

　가장 확실한 증거는 캠핑카의 판매 수와 캠핑족의 수가 크게 늘고 있다는 것이다. 카이즈유 데이터연구소의 조사 결과, 2022년 기준으로 국내 캠핑 인구가 700만 명을 돌파했고, 2012년 6,040대였던 캠핑카가 2022년 9월 기준 8배가량 증가한 4만 8,836대로

자료 3-11. 티볼리 광고(위), 투싼 광고(아래)

출처 : KG모빌리티, 현대자동차

조사됐다. 자연으로 떠나 차박을 하거나, 휴식을 즐기는 컨셉의 자동차 광고들도 크게 늘고 있다. UAM 시장이 활성화된다면 부동산에는 어떤 일이 벌어질까? UAM의 가장 큰 장점은 먼 거리를 빠르게 이동 가능하다는 것이고, 단점은 이착륙 장소가 있어야 한다는 것이다. 쉽게 말해 이 둘의 장단점을 보완한다면 굳이 15~20억 원 씩 주고 도심 속 아파트에 살 이유가 없어진다는 것이다. 도심 속 주택이 비싼 가장 근본적인 원인은 토지 가격이 비싸고 수요가 많으니 지속된 경쟁으로 값이 계속해서 올라가는 것이다. 직장과 집이 멀면 생활 만족도가 떨어지며 퇴근 후 휴식 시간도 짧아진다. 그래서 사람들은 직주 근접을 원하고, 그 결과 미국의 실리콘 밸리, 뉴욕 맨해튼을 비롯해 서울 강남, 여의도 등의 집값이 크게 오르는 것이다. UAM이 활성화, 대중화되면 오늘날 차량으로 2~3시간 거리의 서울, 경기권 근교의 물 좋고, 공기 맑은 곳의 토지를 매입 후 집을 짓는 사람들이 많이 늘어날 것이다. 미래를 상상해 보면 도심 속에서 일하고, 퇴근 후 가까운 버티포트로 이동 후 개인용 UAM을 타고, 물 좋고 공기 좋은 곳에 멋진 전원주택과 UAM 주차장을 만들어 그곳에서 가족들과 건강한 일상을 보내는 것이다. 이것이 오늘날 값비싼 도심 속 주거비보다 훨씬 저렴할 수 있다. 향후 시간이 지나면 UAM도 자율주행으로 바뀔 예정이며, 회식 후 음주 측정할 걱정도 없다. 배송 또한 드론으로 진행되기에 물건을 사러 마트에 갈 필요도 없다. 인터넷이 우리 일상을 송두리째 바꾼 것처럼, 앞으로 세상에 없던 교통편 UAM 또한 우리 삶에 어떻게 적용될지 기대해도 좋을 것이다.

PART
04

판교 이상 오를 그곳,
하남을 주목하라!

판교는 경기권 최대의 부동산 가격을 자랑하며, 판교 테크노밸리 등 많은 일자리 개발로 오늘날 자족도시의 롤모델로 불린다. 대표적으로 판교역 앞에 자리한 현대백화점은 2015년 8월 31일 개점 이후 2021년 전국 매출 1위, 경기권 연매출 1조 원을 최초로, 최단시간에 달성했다. 2017년 7월 경기도 소재 백화점 중 에르메스가 최초 입점했고, 그 규모는 전국 최대다. 뿐만 아니라 경기 최대 규모 루이비통 매장 입점, 피아제, 불가리 등 최고가 브랜드가 입점하면서 판교 현대백화점은 신화를 써내려가고 있다. 판교역 앞 판교푸르지오그랑블은 171.88/139.72㎡ 기준으로 2022년 1월 39억 1,000만 원, 2023년 9월 38억 6,000만 원을 기록하는 등 일대 주택 가격은 10억 원 후반~40억 원대까지 높은 가격을 자랑한다. 이처럼 판교가 성장한 이유는 크게 2가지다. 하나는 강남과 바로 연결되는 좋은 교통편이고, 또 하나는 좋은 일자리라고 할 수 있다. 앞으로 하남에도 이 모든 조건이 동일하게 생기기 때문에 반드시 주목해야 하는 곳이다.

하남에
앞으로 만들어질
교통편은?

하남시 서쪽으로는 서울특별시 강동구, 송파구, 남쪽으로는 성남시, 광주시, 한강을 넘어 동북쪽으로는 남양주가 위치해 있다. 특히 강동구, 송파구와 연접되어 있어 서울에서 가까운 하남 일부 지역은 02 지역 번호를 사용하기도 한다. 오늘날 하남시는 좋은 일자리 타운이 없어 대부분 서울로 출퇴근한다. 그 결과 언제나 '하남시 도시기본계획 주안점 1번'은 '자족도시를 위한 일자리 타운 개발'이다. 오늘날 하남시를 크게 발전시킨 것은 역시 미사강변신도시와 5호선의 개발이라고 할 수 있다.

미사강변신도시는 2009년 6월~2020년 12월까지 진행된 사업으로 5.67㎢, 94,091명, 38,315세대의 인구를 증가시킨 하남의 대표적인 도시개발사업이다. 미사강변신도시의 개발에 발맞춰 도시철도 5호선이 2020년 8월 1단계 상일동역~하남풍산역, 2021년 3월 2단계 하남풍산역~하남검단산역까지 전 구간 개통했다. 그 결

자료 4-1. 하남시 인구수(좌), 성남시 인구수(우)

출처 : 행정안전부, 주민등록인구현황

과 미사역 파라곤 129.28/102.86㎡의 경우 2023년 12월 14억
700만 원의 실거래가를 보이는 등 하남시 일대 부동산은 크게 우
상향하는 경향을 보였다. 5호선의 장점은 광화문과 여의도 등 인
구 집중 유발시설 일자리 타운에 환승하지 않고 도착한다는 것이
며, 단점으로는 서울 강남 지역을 환승 없이 갈 수 없다는 것이다.
이러한 단점은 하남교산신도시 개발로 해결된다. 하남교산신도시
는 2018년 12월 19일 3기 신도시로 선정되어 2019년~2028년
까지 6,862,463㎡의 면적에 78,000명, 33,000호를 만드는 신도
시사업이다. 교산신도시는 앞으로 도시철도 3호선과 연계한 개발
이 진행된다. 현재 송파구 가락동에 위치한 3호선 오금역에서 하
남감일지구를 지나 교산신도시에 3개 역사를 신설해서 하남시청
역으로 연장되는 노선이다. 그렇게 되면 하남시청역은 하남시에
서 유일한 2개 노선(3호선, 5호선) 환승역이 된다.

　뿐만 아니라 하남시는 앞으로 서울 강동구, 송파구와 직접 도
로가 연결된다. 가장 핵심이 되는 노선은 동남로 2.6km 연결이
다. 그동안 하남은 동쪽 서울 송파, 강동과 연접해 있을 뿐 아니라,
강남 도심까지 지리적으로 매우 가까우나, 도로 연결이 좋지 못

자료 4-2. 3호선 연장 하남시 연장 노선

출처 : 국토교통부

해 크게 돌아가야 했기에 시간이 오래 걸렸다. 그러나 이번 동남로 연결을 통해 서울 강동구 둔촌동 105-21번지를 시작으로 하남 교산신도시 중심부까지 직접 연결된다. 이뿐 아니라 동남로는 버스전용차로까지 만들어질 예정으로 상당히 많은 인구가 해당 도

자료 4-3. 하남시 광역교통계획

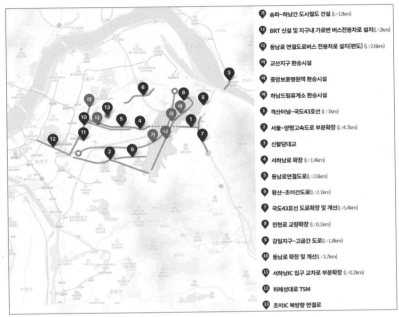

출처 : 3기 신도시 홈페이지

로를 이용할 것으로 전망된다. 이 밖에 서울과 하남을 잇는 서하남로 확장(1.4km), 황산초이간도로(2.1km), 감일지구~고골간도로(1.8km), 동남로 확장 및 개선(3.7km), 서하남IC입구교차로 부분확장(0.2km) 등 앞으로는 작았던 도로가 넓어지고, 없던 도로가 생기는 일을 하남에서 자주 보게 될 것이다.

특히 가장 주목해야 할 부분은 초이IC북방향 연결로다. 철도가 지나가는 곳보다 철도역 역사 인근 부동산 가치가 높아지듯, 고속도로 또한 차량이 지나가는 곳보다 빠져나오는 고속도로 IC 인근 부동산 가격이 크게 오르게 되어 있다. 부동산 또는 정치에 조금이라도 관심이 있는 사람이라면 2022년 7월 김건희 여사 일가의

양평 땅 특혜 논란 뉴스를 한 번쯤은 접했을 것이다. 핵심은 서울
~양평고속도로 건설 추진에서 시점은 서울 송파구로 모두 동일
하나, 종점을 3개 안으로 추진 중이며, 이 중 한 곳에 김건희 여사
일가가 축구장 5개 크기의 29개 필지를 보유 중이라는 것이다. 과
정이야 어떻든 IC가 들어가는 곳에 큰 호재가 있는 것은 분명하
며, 단언컨대 아무 이유 없이 만들어지는 IC는 대한민국에 없다.

    같은 맥락으로 하남을 생각해보면 오늘날 사람이 살지 않고 창
고만 덩그러니 있는 감북동, 초이동 일원에 제2경부고속도로라고
불리는 포천~세종 고속도로 초이IC를 왜 만들까 하는 궁금증을
충분히 가져볼 만하다. 다시 한번 말하지만 하남시의 모든 도시개
발 주안점의 1번은 일자리 확보다.

앞으로 하남에
판교 테크노밸리 이상의
고급 일자리 타운이 만들어진다?

 하남시의 2030 하남시 중장기발전계획 수립연구용역을 보면 알 수 있듯, 하남시는 오늘날 일자리를 간절히 원한다.

 기본 구상안 계획주안점 1번을 보면, 대규모 개발사업(미사, 교산신도시), 도로·교통 인프라(하남시 광역교통계획), 급증하는 인구(하남시 인구증가수 그래프) 등 이 모든 것은 이미 하남에서 현재 일어나는 일들이다. 앞으로 하남시의 가장 큰 숙제는 이렇게 늘어

자료 4-4. 2030 하남시 중장기발전 수립연구용역

출처 : 하남시청 홈페이지

난 인구를 더 이상 서울로 빼앗기지 않고, 하남시 내에 최고의 일자리 타운을 만들어 판교와 같이 자족도시로서 성장시키는 것이다. 우리는 과거 1970~1980년대 여의도금융타운, 강남테헤란로를 시작으로, 인천메디컬단지, 판교테크노밸리, 삼성고덕반도체단지 등의 사례를 통해 좋은 일자리 타운이 지역에 얼마나 큰 영향을 미치는지 잘 알고 있다. 하남은 그러한 일자리 타운을 만들고 싶어 하고, 그곳을 하남시 내의 감북동과 초이동으로 설정했다. 지난 2023년 4월 6일 하남시는 '2040 도시기본계획'을 경기도에 승인받았다. 앞으로 인구 424,000명에 대한 계획과 지역별 인구계획도 발표했다.

'2040 하남시 공간구조 감일위례중앙생활권' 인구수를 보면 미래 해당 지역(하늘색)이 109,700명으로 표기된 것을 볼 수 있으며, 2023년 12월 31일 기준 하남시 초이동, 감북동, 감일동, 위례동에 거주 중인 80,629명을 빼면 앞으로 약 29,071명이 감일·위례 생활

자료 4-5. 생활권 및 인구배분계획(좌), 도시공간구조 및 발전·보전축(우)

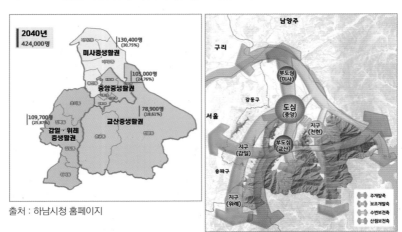

출처 : 하남시청 홈페이지

권으로 들어간다는 것을 알 수 있다. 더불어 '도시공간 구조 및 발전·보전축' 계획을 보면 3호선과 5호선이 환승되는 하남중앙도심을 제외하고 주 개발축 2개가 교차되는 지역은 감북, 감일, 초이동이 유일하다는 것을 발견할 수 있다.

이미 개발된 감일지구, 위례신도시를 제외하면 초이동과 감북동만 남게 되는 것이다. 뿐만 아니라 하남시 '2030 중장기 발전 수립 연구용역' 자료를 보면, 좀 더 구체적으로 일대에 '퓨처밸리'라는 명칭으로 개발 위치와 사업기간 등을 명시하고 있다. 이 모든 것이 종합되면 결국 하남시 초이동, 감북동 일원에 판교 테크노밸리와 같은 대단한 일자리 타운이 만들어질 것으로 예상해볼 수 있으며, 세종~포천 고속도로 초이IC가 왜 그곳에 만들어지는지 알 수 있다.

앞으로 대단한 변화가 예정된 하남시 감북동과 초이동 일대의 변화는 반드시 주목해봐야 할 것이며, 이와 더불어 퀀텀점프를 하게 될 하남교산신도시도 반드시 관심을 가져야 할 곳임에 틀림없다.

자료 4-6. 2030 하남시 중장기 발전 수립연구용역

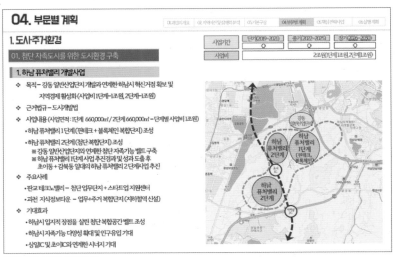

출처 : 하남시청 홈페이지

PART

05

6개 사이트만 알면
부동산 답이 보인다!

국토교통부 홈페이지

정부조직법 제43조(국토교통부)
국토교통부장관은 국토종합계획의 수립·조정, 국토의 보전·이용 및 개발, 도시·
도로 및 주택의 건설, 해안 및 간척, 육운·철도 및 항공에 관한 사무를 관장한다.

대한민국 부동산 부분에서 가장 영향력 있는 중앙정부 기관은 단연 국토교통부다. 국토교통부의 업무 범위는 사회간접자본(사회기반시설)의 관리 및 계획·개발, 주택, 도시, 건설, 교통에 관한 사무 관리와 더불어 실질적 균형 발전, 주택 시장 안정, 미래 교통 혁신, 국토교통산업 활력, 안전한 생활 환경 등 많은 영역에서 우리 생활과 매우 밀접하게 관련되어 있다. 과거 교통부→건설교통부→국토해양부 등의 변천사를 지나 오늘날 국토교통부로 명칭이 변경됐다. 대한민국의 정확한 부동산 흐름과 방향을 알고자

한다면 국토교통부 홈페이지의 뉴스·소식을 매일 찾아보는 것이 좋다. 하루에 적게는 2~3개 많게는 10개 이상의 보도자료가 올라오며, 항공, 모빌리티자동차, 도로철도, 주택토지, 국토, 도시, 건설, 교통, 물류 등 대한민국에서 일어나는 부동산 관련 뉴스가 전부 이곳에서 나온다.

자료 5-1. 국토교통부 뉴스·소식

출처 : 국토교통부

환경영향평가정보지원시스템

환경영향평가 제도는 대규모 개발사업이나 특정 프로그램을 비롯한 환경영향평가법에서 규정하는 대상 사업에 대해, 사업으로부터 유발될 수 있는 모든 환경 영향을 사전에 조사·예측·평가해서 자연 훼손과 환경오염을 최소화하기 위한 방안을 마련하려는 전략적인 종합체계로서 우리나라는 2012년 7월 22일부터 '환경영향평가'를 운영하고 있다. 세부 분야로는 도시개발, 산업입지, 에너지개발, 항만건설, 도로건설, 수자원개발, 철도건설, 공항건설, 하천개발, 개간·매립, 관광단지, 산지개발, 특정지역개발, 체육시설, 폐기물·분뇨처리시설, 국방·군사시설, 토석 채취 등이다. 평가정보 조회를 통해 전략환경영향평가, 소규모환경영향평가, 환경영향평가, 사후환경영향조사, 사전환경성검토, 기후변화영향평가 등으로 구분해서 업로드 중이며, 이 중 전략환경영향평가, 소규모환경영향평가, 환경영향평가 등을 찾아보는 것이 유익하다.

따라서 환경영향평가정보지원시스템은 대한민국 부동산 개발 (토지, 지하철 등)에 앞서 선행되는 부분으로, 우리가 뉴스 등 여러 가지 정보를 접하기 전에 미리 일대의 움직임을 파악할 수 있는 좋은 정보통이라고 할 수 있다.

자료 5-2. (예시) 수도권 광역급행철도 C노선 민간투자사업

출처 : 환경영향평가정보지원시스템

자료 5-3. (예시) 수도권 광역급행철도 C노선 덕정역

8.4 토지환경분야

8.4.1 토지이용

8.4.2 토 양

8.4.3 지형·지질

출처 : 환경영향평가정보지원시스템

국토교통부
연간 예산

  매년 12월 중순에는 국토교통부 예산, 국회 의결·확정에 대한 자료가 국토교통부 홈페이지에 등록된다. 2024년을 기준으로 보면 ① 서민의 교통 부담 완화, ② 촘촘한 주거 안전망 구축, ③ 지역 경제 활성화, ④ 국민 안전 강화, ⑤ 미래 신성장동력 확보라는 목표로 60.9조 원이 확정되어 전년 대비 5.1조 원이 증액된 것을 알 수 있다. 이 중 분야별 주요 내용을 보면 출퇴근 시간 단축과 교통비 절감으로 국민부담 완화('23년 2.2조 원 → '24년 2.3조 원), 맞춤형 주택 공급과 전세 사기 피해 지원 등 촘촘한 주거 안전망 구축('23년 35.2조 원 → '24년 39.5조 원), 지역 경제 활성화를 위한 교통망 확충 및 성장 거점 조성('23년 11.7조 원 → '24년 12.0조 원), 교통·건설 사고로부터 국민 생명 보호('23년 4.6조 원 → '24년 5.4조 원), 자율차·UAM 등 미래 신성장동력 확보('23년 1.7조 원 → '24년 1.4조 원) 등 큰 틀에서 국토교통부 연간 예산이 어떻게 흘러가는지 알 수 있으며, 세부 자료로 검토가 가능하다. 이는 부동산 시장과 매우 밀접한 관련이 있는 부분으로 주의 깊게 살펴볼 필요가 있다.

자료 5-4. 2024 국토교통부 예산, 국회 의결·확정

출처 : 국토교통부

KDI
| 한국개발연구원 |

　대한민국 정부가 설립한 연구 기관으로, 주무기관은 국무총리(국무조정실)다. 현재 2013년 세종특별자치시 남세종로 263(반곡동)으로 이전했으며, 500명 내외의 거대 연구 기관이다. 고급 두뇌들이 선망하는 연구 기관 1순위로 꼽히며, 구성원들의 자부심도 크다. 그 결과 KDI는 정부 눈치를 보지 않고 연구 결과를 발표할 수 있는 독보적인 기관이라고 할 수 있다. 부동산은 잘 몰라도 간혹 뉴스를 보면 '신도시, 철도 등 인프라 ○○○ 예비타당성 통과' 등의 자료를 볼 수 있는데, 대부분 이곳에서 만드는 자료다. 따라서 부동산 미래 시장을 읽을 때 매우 유익한 사이트라고 할 수 있다.

자료 5-5. KDI 홈페이지

출처 : KDI

기관장 공약사항 및 시의회 회의록

초등학교 반장 선거부터 한 나라를 대표하는 대통령 선거까지 모든 출마자는 공약을 내세우고, 이를 이행하려 노력한다. 예를 들어 서울시를 보면 많은 세부 실천 계획이 있으나, 그중 부동산과 직접적인 연관이 있는 주택분야, 균형발전분야, 교통분야 등을 세심하게 살펴보는 것이 좋으며, 특히 신설되는 신규택지 개발, 철도, 도로계획 등은 꼼꼼하게 찾아보는 것이 좋다. 이후 시간이 지나 공약 사항이 잘 진행되고 있는지, 어디까지 진행됐는지 등을 자세히 살펴보려면 시의회 회의록을 살펴보면 된다. 시의회 회의록은 지자체마다 구분해서 관리 중이며, 서울시의회, 송파구의회, 강남구의회, 평택시의회 등의 홈페이지로 접속해서 자료실-최근 회의록-색인어 검색 기능(지자체마다 조금씩 다를 수 있음)을 통해 지역 개발 및 도로, 철도 등 궁금한 부분에 대한 검색어 입력을 통해 진행 현황을 파악하면 된다. 다양한 매스컴에서 발표하는 자료나, 뉴스 등보다 훨씬 구체적이고 세부적인 대화 내용을 글로 볼 수 있어 정확한 흐름 파악에 유익하다.

자료 5-6. 지자체장 공약사항(예시 : 서울시)

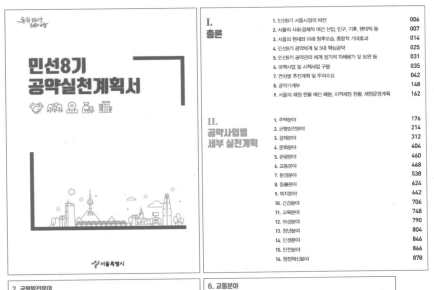

출처 : 서울시청 홈페이지

자료 5-7. 시의회 회의록(예시 : 서울시)

출처 : 서울시의회

반드시 오르는 부동산! 교통에서 답을 찾다

제1판 1쇄 2024년 4월 5일

지은이 정진관(정고수)
펴낸이 허연 **펴낸곳** 매경출판㈜
기획제작 ㈜두드림미디어
책임편집 신슬기, 배성분 **디자인** 디자인 뜰채 apexmino@hanmail.net
마케팅 김성현, 한동우, 구민지

매경출판㈜
등 록 2003년 4월 24일(No. 2-3759)
주 소 (04557) 서울시 중구 충무로 2(필동 1가) 매일경제 별관 2층 매경출판㈜
홈페이지 www.mkbook.co.kr
전 화 02)333-3577
이메일 dodreamedia@naver.com(원고 투고 및 출판 관련 문의)
인쇄·제본 ㈜M-print 031)8071-0961
ISBN 979-11-6484-660-3 (03320)

책 내용에 관한 궁금증은 표지 앞날개에 있는 저자의 이메일이나
저자의 각종 SNS 연락처로 문의해주시길 바랍니다.

책값은 뒤표지에 있습니다.
파본은 구입하신 서점에서 교환해드립니다.

📖 같이 읽으면 좋은 책들 🖥️

재개발·재건축
이론과
투자 중개실무

서해안
골든벨트에
내 땅을
찍어라!

부동산 투자의
내비게이터

초보자도 고수 되는
부동산 경매

신방수 세무사의
2023
확 바뀐
부동산 세금
완전 분석

부동산 정책 분석
시장을 이기는
정책은 없다

WHY
&
부동산
정책,
HOW

신방수 세무사의
신축·리모델링
건축주 세무
가이드북

토통령의
답이
정해져 있는
땅 투자

당신도 5년 안에
100억
부동산 부자가
될 수 있다

핵심
공인중개사
실무 교육

토지 투자
비밀 과외

부동산의
가치를
높이는
방법

똑똑한 사람들은
월세 낼 돈으로
건물주 돼서
창업한다!

부동산
공매
이렇게 쉬웠어?

부동산
공매
이렇게 쉬웠어?

오피스텔
투자 바이블

똑똑한 절세 방법
부동산
법인이
답이다!

절세의 모든 기술
부동산 법인에 있다!

부동산
대출의
기술

가로주택정비사업 A부터 Z까지!

미니
재개발·재건축의
모든 것

당신의 경매 달출구가 되어줄

이기는
부동산 경매의
비밀

종·부·세
핵폭탄 대비하는
완벽 솔루션

신방수 세무사의
이제 부동산 세금을 알아야

주택 보유 &
처분
할 수 있는
시대다

투자 전, 꼭 알아야 하는
상가임대차법

Real Estate Auction

부동산 경매,
초보에서
탈출하라

무대왕의 내 집 마련 콘서트

초규제 시대,
부동산 투자의 정석

돈이 되는 부동산
VS
돌이 되는 부동산

신방수 세무사의

양도
소득세
완전
분석

사례로 풀어보는
지분경매
지분경매 해결 TWO 기둥
= 소송 + 협상

신방수 세무사의
부동산 거래 전에
자금출처
준비하라!

부동산 관리도
경영의 시대

부동산 관리와
종합서비스

신방수 세무사의
상속분쟁 예방과
상속
증여
절세 비법

김 과장도 돈 버는
셰어하우스

SHARE
HOUSE

내 생애 짜릿한
대박 상가
투자법

신방수 세무사의
주택임대사업자
등록과
절세 비법

나는 장애를 딛고
부동산 경매로
성공했다

불황에도 매출 10배 올리는
상위
1%
공인
중개사의
마케팅
비법

GTX 시대, 부동산 투자 비법은 따로 있다!

아파트는 살고
땅은 사라

부동산 투자를 시작하기 전에 꼭 알아야야 할 실전 기술

부동산 상식을 돈으로 바꾸는 방법

이상헌 지음

전세 사들, 대한민국 투자 상식 투자 상식 경매 상식 등

영업속에서 읽는 부동산 지식들
온라인 비법 수 있는 구체적인 방법

매일경제신문사

해외 부동산 투자, 나는 말레이시아로 간다

김영선 지음

MALAYSIA

투자자에게 알려주고 싶은 부동산 블루오션

매일경제신문사

당신도 건물주가 될 수 있다!

원룸 마스터

김장훈 지음

원룸으로
공유화의 삶을 누리자

매일경제신문사

부동산 투자자, 계약자가 꼭 알아야 하는

부동산 실무 용어사전 1,000

法

한규진 지음

부동산 계약 체결을 할 때
발기지 않고 시고를 예방할 수 있도록 도와주는
부동산 거래의 핵심 상식 1,000개!

매일경제신문사

부자가 되기 위한 새로운 패러다임

부자로 환승하라 머니트레인

박성혜 지음

부동산 투자, 이제는 지하철이 핵심이다!

매일경제신문사

부동산 투자 인사이트

김은정 지음

고수가 말하주는 집값이 움직이는 원리

REAL ESTATE INVESTMENT INSIGHT

매일경제신문사

그는 어떻게

부동산 1인 창업으로 10억을 벌었을까?

부동산 투자의 숨겨진 진실

지음

매일경제신문사

돈 버는 주택임대 관리기법

김진규, 이강혁, 이창욱, 강태규 지음

주택임대관리업의
체계적인 관리전략과 경영활동이 있다

매일경제신문사

10%대 수익률을 위한 최고의 부동산 재테크

P2P 투자의 정석

이상영, 정광모, 이왕희 지음

매일경제신문사

부동산으로 이룬 부자의 꿈

지음

매일경제신문사

아파트 경매, 지역분석이 먼저다

지음

매일경제신문사

매매 사례를 중심으로 살펴보는

대박 친 빌딩 투자의 비밀

지음

매일경제신문사

부자가 되기 위한 부동산 요리법

정준환의 부동산 레시피

정준환 지음

요리를 아는 것처럼
부동산에 익숙해져라!

매일경제신문사

초보를 위한 취업과 창업 완벽 가이드

잘나가는 공인중개사의 비밀노트

김영하 지음

한 권으로 정리한 단기 속성 실무전략

매일경제신문사

新

명품 토지 중개 실무

지음

다양한 사례와 함께 살펴보는 실무 노하우

매일경제신문사

실제 없는 부동산 데이터링

돈 길 따라가는 부동산 투자

지음

정보력과 실전 경험이 바탕이 된,
앞을 내다보는 부동산 투자 기업을 전수한다

매일경제신문사

부동산 계약·중개·등기 절차 꼭 알아야 하는

부동산 세무 가이드북 실전편

Real estate Tax Guide Book

지음

2019
개정세법
반영

매일경제신문사

돈 되는 부동산은 따로 있다

개념부터 쉽게 배우는 부동산 필수 상식

지음

300개 팁으로 배워야 저자가 전하는
부동산 투자 비법

매일경제신문사

지식산업센터 투자 실전 편

부동산 투자, 아파트형 공장이 답이다

지음

매일경제신문사

2년 만에 월세 200만 원 받는

월세 부자 레시피

지음

이제 당신도 부자가 될 수 있다!

매일경제신문사